清末民初文獻叢刊

浙東籌防録

［清］薛福成　纂輯

朝華出版社
BLOSSOM PRESS

圖書在版編目（CIP）數據

浙東籌防録 / (清) 薛福成纂輯. -- 北京 : 朝華出版社, 2018.3
(清末民初文獻叢刊)
ISBN 978-7-5054-4180-4

Ⅰ. ①浙… Ⅱ. ①薛… Ⅲ. ①海防－軍事史－中國－清后期－文集 Ⅳ. ①E295.2-53

中國版本圖書館CIP數據核字(2017)第302470號

浙東籌防録

作　　者　[清]薛福成

選題策劃　楊麗麗　尚論聰
責任編輯　劉小磊
特約編輯　齊　芳
責任印制　張文東　陸競贏
封面設計　劉敬偉

出版發行　朝華出版社
社　　址　北京市西城區百萬莊大街24號　　郵政編碼　100037
訂購電話　（010）68996618　68996050
傳　　真　（010）88415258（發行部）
聯系版權　j-yn@163.com
網　　址　http://zhcb.cipg.org.cn
印　　刷　藝堂印刷（天津）有限公司
經　　銷　全國新華書店
開　　本　880mm×1230mm　1/32　　字　　數　92千字
印　　張　13.75
版　　次　2018年3月第1版　2018年3月第1次印刷
裝　　別　精
書　　號　ISBN 978-7-5054-4180-4
定　　價　98.00元

出版前言

中國自一八四〇年鴉片戰争以來，傳統的農業文明在西方的堅船利炮轟擊之下徹底被顛覆，有擔當的知識分子苦苦追尋，思索社會改革的途徑。從最初的『師夷長技以制夷』到『民主制度，天下之公理』（梁啓超語），他們發現要『强國富民』，首先要『開啓民智』，衹有民衆擁有了獨立思想和批判精神，國家纔能實現真正的强大。在此後一百年的時間裏（一八四〇—一九四九），思想者們從社會變革深入到國民性的改造，用每一部作品見證着中國近代化的遞變歷程。這是一個極其重要的時代，《清末民初文獻叢刊》正是收録了這一時期的作品，大部分書籍都是早期版本，有着極高的文獻研究價值。

清末的中國經歷了『三千年來未有之大變局』（李鴻章語），大清王朝面對西方列强的艦炮，表現得驚慌失措。尤其是鴉片戰争，使『天朝帝國萬世長存的迷信受到了致命的打擊，野蠻的、閉關自守的、與文明世界隔絶的狀態被打破了』（《馬克思恩格斯選集》）。一批士大夫知識分子，尤其是在歐美諸國擔任使臣或者游歷的知識分子最先覺醒，着眼于對西方國家的考察，進而反省本國政治制度的劣勢，可以視作『啓蒙』的端倪。如曾擔任駐英公使（兼任駐法公使）的郭嵩燾在《使西紀程》中以日記的形式記録了自己對歐西諸國的觀感，他在考察了英國的政治制度之後，發現英國政府官員收入超過三百磅者與普通老百姓一樣同等納税，他説：『此法誠善，然非民主之國，則勢有所不行。西洋所以享國長久，君民兼主國政故也。』他明確提出了『民主』，在國家的管理問題上，人民也有參與的權利。他在該書中所披露的西方政治、經濟、文化等領域優于大清帝國這一事實觸動了保守派的神經，立刻遭到保守派群起而攻之，進士何金壽彈劾他『有二心于英國，欲中國臣事之』，他家鄉湖南的民衆對他更是痛加詆毁，以至于滿城揭帖，誣蔑他『溝通洋人』，在這種群情洶洶的情況下，朝廷最後下旨將《使西紀程》毁版，從而使該書成了禁書。然而，書雖被毁版，却不能堵死民衆的傳播與閲讀的途徑，上海的《萬國公報》依舊連載該書，張佩綸曾説：『朝廷禁其書，而新聞紙接續刊刻，中外傳播如故也。』從某種意義上來説，啓蒙是時代的需要，盡管清政府發諭旨禁了該書，民衆乃至一些朝廷大員却依舊在私下閱讀，以便瞭解外部的世界。進步的社會是開放性的，任何企圖『閉關鎖國』的努力都意味着歷史的倒退，衹有開放，與整個世界文明保持同等的步伐，纔能實現真正的强國之夢。當大批知識分子走出閉鎖的國門，親歷了文明的洗禮之後，也就把啓蒙的智識帶回了中華大地。容閎的《西學東漸記》，梁啓超的《新大陸游記》，崔國因的《出使美日秘日記》等一大批作品介紹了海外諸國的政治、經濟、軍事、外交、文化。雖然這些作品在認識上仍然帶有時代的局限性，然而却是那時最爲珍貴的聲音。

另一方面，在學術上，中國文化母體内『經世致用』思想與資産階級思想相結合，也喚起了變革，以康有爲、梁啓超爲首的改良派試圖通過自上而下的革新以實現變革。康有爲的《新學僞經考》《孔子改制考》就是借經學之表論資産階級學説之裏的著作，康有爲的弟子梁啓超更是通過《新民説》一書提出國民性改造。與早期啓蒙者『師夷長技』的器物文明引進不同，梁啓超上升到形而上的精神領域，從文化心理上更加徹底地進行變革。梁氏是清朝末年到民國初年一個橋梁式的人物，被譽爲『輿論之驕子，天縱之文豪』，其影響力不但在學術領域，同時還在文學領域，他所倡導的『詩界革命』得到了譚嗣同、黄遵憲、丘逢甲等人的響應，黄遵憲的《日本雜事詩》，丘逢甲的《嶺雲海日樓詩鈔》都體現了這種主張。這一主張要求反映新的時代和新的思想，用『我手寫我口』（黄遵憲語）的方式直抒胸臆，對長期占詩壇主流的擬古主義、形式主義產生了巨大的衝擊，解放了寫作者的心靈和頭腦。

與社會變革同步的是早期對西方思想著作的翻譯，這裏面影響最大的是嚴復，他翻譯的《天演論》《社會通詮》等書直接孕育了民國一代的知識階層。魯迅、胡適等人在文章中都曾提到《天演論》對他們思想所產生的震撼。與嚴復略有不同的另一位翻譯家是林紓，他的譯作雖然參差不齊，但却在更細膩的心靈層次對讀者產生影響，許壽裳曾回憶，他和魯迅都熱衷于林譯的小説，如《巴黎茶花女遺事》《黑奴籲天録》《迦茵小傳》等作品。

辛亥革命之後，進步社會思潮成爲主流，比之清末思想啓蒙者『求存』的追求，民國以來的知識階層深入到了更加細微的肌理，一方面呼喚社會變革，另一方面進行點滴的建設，革命并不能使所有的一切一蹴而就，在更加深廣的領域，事物的改變是由微觀而宏觀。通俗地説，比之于革命，建設的意義更大。如《中國商業史》《中國教育史》《中國倫理學史》《中國哲學史大綱》《中國小説史略》等一大批作品都是進行系統的梳理與建設的理論作品。其中，以胡適和魯迅二人的影響最大，他們的作品一紙風靡，從而成爲新文化運動的主力人物。

《清末民初文獻叢刊》收録的文獻大致上可以分爲三個階段，其中龔自珍、張之洞、魏源、郭嵩燾、薛福成等人的作品可視爲『早期啓蒙』，康有爲、梁啓超、黄遵憲、嚴復、林紓等人的作品可視爲『中期啓蒙』，胡適、魯迅、蔡元培等人的作品可視爲『晚期啓蒙』。當然，這種劃分并非嚴格意義上的，大部分啓蒙思想者隨着時代的變化，其思想在不斷進步。縱觀整個近現代史，可以發現，要求變革不是在某一個領域，由某一類人發起和完成的，而是全社會的要求。

變革，已經成爲全社會的共識。

從清末民初的文獻中，我們能够發現一種豐富性。這些作品涉及政治、經濟、軍事、教育、外交、宗教、心理、情感等方方面面，從内而外地净化着中國兩千年以來的封建積習。它不衹是對社會的改造，更是對人心靈的重塑；它首重國家社會之建設，同時亦重靈魂心智之喚醒；它是宏大的，也是微觀的；它是嚴肅莊重的，也是活潑靈動的；這些作品結構精巧，思想内容深刻，擁有濃厚的人文主義色彩，對推動社會主義建設，實現中國夢有重大意義，是近現代中國一百年來最宏富的智識與情感的寶藏。因此，整理這些文獻作品，無論是出于資料保存的目的，還是爲圖書館提供資料副本，都有不可估量的意義。

特定時代下的文獻，當它一旦形成（既指草擬，創作的完成，也指其成爲一個載體），就不可再複製了，也就意味着它將面對消亡。對于文獻資料而言，越接近歷史事件發生的時代記録，越具有研究價值。文獻本身具有不可再生性，它衹會消亡，而不會增多。盡管文獻本身的文字可以保留下來，并進行傳播，却失去了當時的時代氣息。當時的作品可能在技巧上，文字的成熟度上不及當代，但它所負載的信息，創作者的情感都反映了當時的歷史，也就是説，它具有不可替代的歷史意義。

影印的版本有三個特點，第一是擁有文獻的『原始性』；第二個特點是『未經改動的』；第三個特點是『歷史的原貌』。所謂『原始性』，也就是説，它是第一手資料，而非轉述的，回憶形成的；『未經改動的』，是指未被篡改、删節、挖補的；『歷史的原貌』是指在影印製作過程中，完全依照文獻的原來模樣……這樣製作出版的作品，無异延續了文獻的壽命。

近現代思想史上的一個最重大的思潮就是『開放』，從林則徐的『開眼看世界』到蔡元培的『兼容并包』，都是在倡導一種開放式的胸襟。而《清末民初文獻叢刊》最有魅力的部分就是『開放』這一主題，衹有融入到世界文明發展的進程中，中華文明纔能歷久彌新。

《清末民初文獻叢刊》編委會

二〇一七年四月十四日

凡例

一、《清末民初文獻叢刊》（以下簡稱『叢刊』）爲影印本，舉凡所用之底本，均爲該書之早期版本。有清末刊本，亦有民國印本。

二、《叢刊》均依底本影印，未予删改；原刊本有誤，不予校改，以保留文獻之原貌。

三、《叢刊》所用之底本，因時日久遠存在漫漶的情況，均進行了修復；底本闕文、印刷不清，均保留原貌。

四、爲讀者閱讀之便，《叢刊》中之舊底本目録未標記頁碼者，編了目次；原底本有頁碼和目録，未予重複編目。

五、爲保持文獻的原始風貌，影印本保留了原書書影（原書爲多册，則保留第一册書影）、扉頁等信息。所用底本無相應信息者，則不予妄添，以免錯訛。

目録

原刊本扉頁　一
黎庶昌序　三
薛福成序　七
浙東籌防録凡例　一五
浙東籌防録目録　二一
浙東籌防録巻一上　三九
浙東籌防録巻一下　一〇三
浙東籌防録巻二　一九一
浙東籌防録巻三　二九九
浙東籌防録巻四　三七一

浙江薈防錄

光緒丙戌
仲冬開彫

浙東籌防錄四卷吾友薛君叔耘備法時公牘文字也光緒十年法人侵奪我越南屬國地挾兵船踔入東南洋面牽綴援軍旁撓虛喝眩沮我謀其時若閩若臺若滇若兩粵皆別遣重臣宿將聯翩持節以往度要駐扼獨浙無有杭城雖名會垣而錢塘天險阻鱉子門海艘不能直達防務實在甯波其轄下之鎮海定海懸隔一隅孤注與雞籠等道光年間前車之轍未遠也叔耘奉命備兵甯紹台涖任甫數月即遘此變中丞廬江劉公駐省垣提挈綱維稔知叔耘賢防務事悉委成之又合盡護諸將凡前敵築臺增礮釘樁沉船塞口以及遷教

士杜引水明賞罰固民心皆不憚煩勞百計營度與諸將協規同力一泯異同故備禦嚴而折衷當部署釐定馬江之敗耗已聞自是法益肆其慓疾勁悍之氣伺瑕抵隙游目北窺明年正月遂犯鎮海口門卒兩次被創斂旗而退相持四月之久浙防無恙豈非任得其人哉叔耘忠信醕篤悃愊無華嘗佐曾文正公暨傅相合肥李公幕府有年閱天下之義理多故能措注咸宜若此也今觀其處事之詳審持議之明通不專己不徇人庶昌自愧弗如遠甚宇宙至大世變無窮然則是錄也其即未雨綢繆海防前事之師邪神而明之存乎人若以

爲既往之陳迹而忽諸是非能善讀吾叔耘書者光緒十四年三月遵義黎庶昌敘於日本東京使署

光緒十年法蘭西攻越南克之與我廣西防邊諸軍遇倉卒受創憪然不靖遣其巨酋作言恫喝要求無藝不應則以兵船逴至海上驚恐吏民鯨呿豨突不戢益張於是
詔下瀕海諸行省戒嚴而福成適奉分巡浙東之
命巡道職雖主察吏然備兵防海實其專責又監督兩海關爲巨釀所自出凡與遠人交接事剛柔緩急稍失其宜往往納侮而爲他日患竊用此爲兢兢旣受事寇警益迫籌防益棘撫院廬江劉公不以福成不敏檄令綜理營務盡護諸軍當是時浙江提督祁陽歐陽公駐

鎮海之金雞山以本標練兵千暨楚勇二千五百人防南岸統領撫標親兵記名提督壽州楊公岐珍駐招寶山以淮勇二千五百人防北岸統領撫標小隊記名總兵壽州錢公玉興以衢標處標練兵千暨淮勇二千五百人分扼甯波至梅墟及育王嶺牆下潭等隘並備有事時策應南北岸兩路又有威遠靖遠鎮遠三礮臺礮兵以守備吳杰領之元凱超武兩輪船在海口而紅單師船五六往來不常兩統領之軍及礮臺兵輪仍總統於提督而皆遙受節度於中丞中丞傳宣號令籌議大計悉下營務處凡戰守機宜無鉅細一埤遺之其佐理

營務處者則有知甯波府上元宗君源瀚治行焯著識略頗閎試用同知太平杜君冠英抗談經濟多得要領二君皆銳敏喜任事每有所建白未嘗不中吾志也既倚之如左右手矣歐陽公練戎機有雅量二統領亦精心兵事奮欲有所樹立皆與福成交久契合無閒言福成時與商搉必盡心乃止未嘗有不同之見顧中丞既不駐甯波將吏不甚相統攝巡道位稍下權力輕所與共事者皆等夷若稍顧己自用則必有所齟齬而志不壹志不壹則勢不完而防不密竊嘗自念所居之地尤以聯上下化異同為職吾職稍有不舉輒廪廪然懼之

故凡進言於中丞者．懼將吏之隱情．有不上達也．懼中丞之德之威．有未下究也．凡調和於將帥之間者．懼其有町畦而意計相歧也．懼吾積誠之未至也．懼吾謀雖忠議雖密．或稍矜意氣．致聽者不能虛受也．凡鼓舞羣才而爲吾輔者．未事則懼不盡所長．既事則懼不彰其績．而當夫策力並進．未有折衷．又懼不能砥礪損益．歸於至當也．愼此數者．識之不忘．幸而文武一心．上下輯睦．奮其智能．各事其事．綢繆寒暑．不怵不惱．於是因形勢．設鉅防．定民心．蒐軍實．用與國．伐敵謀．清間諜．杜嚮導．申紀律．明賞罰．勵客將．布利器．備禦稍嚴．寇氛已遏．

恃其慓銳突進無前我艦我臺縱礮拒之毀壞敵艓偃
旂轉輪僅能出險再進再卻折北夷傷悍酋嚄唶旣惶
且驚毒技險謀鬱不得渫屢肆桀黠魚雷舢板乘宵入
襲以遺我禽彼乃久居狂風怒濤顛頓振撼之中飽嘗
潮汐與我相持四五十日欲蹈瑕伺間以圖一逞卒不
可得迨和議成復逗遛三閱月乃退去是役也法水師
將孤拔乘中國海軍未成以鐵木戰艦十餘縱橫南洋
齮我海疆其別將統陸師由越南進窺廣西邊境中國
將吏分道禦之馬江之戰以不設備而大敗然法用詭
道取勝諸國咸羞稱之臺北之戰迭勝迭敗以法人全

力所注。受圍最久。戰守亦最苦。鎮南關之戰。先大敗後大勝。窮追出關。遂復諒山。非此一戰。法尚未肯就款也。惟廣東以重臣宿將。絡繹布置。先聲所震。敵氣自懾。遂不敢犯。鎮海一口。本非敵所必犯。以追南洋援臺兵輪船至此。又因浙防聲勢弱。有輕我心。我乃出其不意。逆摧兇燄。彼既敗之後。復稍務持重。不敢浪戰。故法船在浙洋四月有餘。而民不受兵。其完固清謐之效。殆與廣東相並云。茲輯當時文牘書檄電報。稍有關繫者。釐爲四卷。時時取以自鏡。並付剞劂。以質當世達時務者。夫武備日新。事變無窮。此詹詹者。本不足道。然存其梗概。

用爲防海之嚆矢焉亦以鳴安不忘危之意云爾時十有三年歲次丁亥秋七月無錫薛福成自序於分巡甯紹台道衙齋

浙東籌防錄凡例

一是錄凡九類。分爲四卷。曰稟。曰詳。爲一卷。曰書牘。爲一卷。曰咨。曰移。曰札。曰照會。曰告示。爲一卷。曰電報。爲一卷。九類中各以歲月之先後爲次第。

一是錄凡詳稟書牘咨札照會告示電報。所有稱謂格式。悉依原本。

一詳稟督撫院等件。大抵照准者居多。例不重錄原批。間有一二刊附院批於後者。或與原稟稍有出入。或別有關係之事。可備後來參攷。

一稟牘凡紅白稟皆印發。皆寫事由。惟夾單稟不用印。

則不寫事由。亦有夾單仍用印。寫事由者。以其事關機要也。玆錄悉照原本。用存公牘格式。

一凡一事而並稟督撫院及南北洋大臣者。間有一二不同之句。則於所敘稟中雙行夾寫。以免另敘。此各衙門辦理公牘通例也。玆錄亦照原本。以存格式。

一凡並稟之事。其關涉防務者。皆先稟撫院。繼稟督院及南北洋大臣。則題亦先列督撫院。其關涉洋務者。皆先稟南洋大臣。繼稟北洋及督撫院。則題亦先列南北洋大臣。大抵事有專屬。非意爲先後也。月日則本無甚先後。即相去亦不過一二日。但憑先發者之月日自足備查。
一辦事之體要稟詳之外。莫切於書牘。稟詳所不能盡之意。皆以書牘達之。當防務緊急時。撫院手書往返一旬之內。必有數起。茲就所上撫院書。選存十之三四。而措注之要端。皆在其中。移領事數書。所以折服教士。使之帖然就範。關繫非淺。又有數件。因與防務相涉。並錄存之。
一電報爲從前所無。今則數千里外。機要之事。皆用電傳。儘有憑電籌商。剖決。而不復見於公牘者。若但錄公牘而不錄電報。則於事之顛末。挂漏必多。故就當

時電報之有關繫者選存十分之一別爲一卷

一是錄凡稟詳咨札照會告示皆大書年月日於後書牘則側注於結尾之下電報則以月日時刻冠於所遞之地之上均依原式

一凡稟詳書牘咨移照會照公牘格式原擡之處自應悉如其舊惟尚有應擡字樣若統作平擡體例恐致混淆茲於公牘原擡之處皆空一格於應擡字樣無論單擡雙擡三擡統作平擡以歸簡易而示區別

一凡打電均用號碼故遇應擡之字皆不擡稱名處亦不側寫茲錄悉仍其舊以存電報格式

一凡電報道府聯名同發者。今悉仍其舊。

一目錄例不注月日。惟書牘一門。上劉中丞書爲較多。故注月日於下。以別先後。電報則以某月日時遞某處爲題。目錄亦依之。

一是書以稟咨書牘等九類爲綱。閒有無類可入。而關繫海防要務者。則緣本書體例而連類及之。附錄於稟咨等件之後。用備後來參攷。

一是錄所登。一篇有一篇之用。或尚恐原文義蘊未宣。則附識數語以暢其旨。又有一二要端。關繫最鉅。而稟咨等九類中無可見者。亦詳記於附識之中。以備

將來防海程式

一凡篇後附錄附識之文尤限於地位不能不與原錄體例稍有變通今除譯錄洋文中英條約照原式外凡有應單擡雙擡三擡字樣皆空一格二格三格以誌之其餘概不空格

一凡他處來電例不入錄然有與原遞之電互相發明者特附錄於原電之下以昭區別

浙東籌防錄目錄

無錫薛福成叔耘纂輯　江甯李　圭小池
山陰陳　昀晴峰參訂
無錫楊　楷仁山

卷一上

稟牘

稟撫院劉　鎮海釘樁豫備堵口辦理情形由
稟撫院劉　遵飭暗阻海口引水密行辦理情形由
稟督院南北洋大臣　夾單
稟南北洋大臣督撫院　夾單　爲英國有保護定海舊約請轉咨酌奪由

稟撫院劉　飭令甯郡天主教堂遷徙江北岸辦理情形由
稟撫院劉　防備法船冒混進口先後辦理情形由
稟撫院劉　虎蹲山設立暗號並於游山派弁迎詢來船辦理情形由
稟撫院劉　請於鎮海添設電線以捷軍報由
稟撫院劉　夾單
卷一下
稟牘　詳文
稟撫院劉　報赴定海閱勘蛟臺防營並請抽調營勇赴定海防守由
再稟撫院劉　夾單
再稟撫院劉　夾單

稟撫院劉　定海法教士業已遷去照錄函件呈
請察核由
稟撫院劉　遵飭勘辦梅墟釘樁事宜由
稟南洋大臣兩江督院曾　遵駁兩船在石浦沈
沒開琛瑞三船應
如何進止請飭遵
由
稟撫院劉　法船在口米船不到請招商運米免
收釐稅由
稟南北洋大臣督撫院　夾單
稟南北洋大臣督撫院　為在上海禁阻法船領港人
給酬銀兩由
稟撫院劉　陳明鎮海撤防後宜添築堅臺並購
巨礮由
稟撫院劉　勘定鎮海口門築臺添礮事宜由
再稟撫院劉　夾單

詳督撫院法國商民致士暫令不准進口辦理情形由

卷二

書牘

上劉中丞書光緒十年六月二十六日
上劉中丞書七月初七日
答英國領事官兼辦法事固威林書
答英國領事官兼辦法事固威林書
上劉中丞書八月初七日
移英國領事官兼辦法事固威林書
移英國領事官兼辦法事固威林書

上劉中丞書八月二十三日
上劉中丞書九月初五日
上閻中堂書
與統領撫標親兵等營楊軍門書
與統領親兵小隊等營錢總鎮書
答總辦省城防軍支應局唐吳觀察書
移英國領事官固威林書
上劉中丞書光緒十一年二月初六日
上劉中丞書二月初十日
上劉中丞書二月二十日

答伯兄書
上劉中丞書　二月二十八日

卷三

咨　移　札　照會　告示

咨浙江提督軍門歐陽
咨統領援臺兵輪提督銜記名總兵吳
移管帶象石練軍劉副將
移署石浦營都司鄭游擊
札定海廳同知陳
札甯波府鎮海縣

札石浦廳同知黃
象山縣知縣鄒

照會英國領事官固威林

照會浙海關稅務司葛顯禮

照會浙海關稅務司葛顯禮

照會英國領事官固威林美國領事官司提文

照會浙海關稅務司葛顯禮

照會英國領事官固威林美國領事官兼署德國
領事司提文浙海關稅務司葛顯禮

照會英國領事官固威林

照會美國領事官司提文

會同浙江提督歐陽曉諭中外商船以海口釘樁出入須認旂燈示
勸諭居民各安生業毋得造言煽惑示
繪明各國旂式示
會同浙江提督歐陽禁止兵輪弁勇登岸示
法船臨境勸居民各安生業示
會同浙江提督歐陽招諭法船脅從諸人示
勸募毁沈敵艦明設賞格示
驅逐游勇並嚴禁結黨拜盟示

卷四

電報

光緒十年六月二十三日遞杭垣

七月初十日亥刻遞杭垣

十二日遞總理衙門

十三日遞杭垣

十二月二十六日遞杭垣

除夕遞金陵

同日遞杭垣

光緒十一年正月初二日夜遞福州

初三日申刻遞金陵

初四日申刻遞杭垣

初六日酉刻遞福州

初七日申刻遞金陵

初八日巳刻遞鎮海

初十日午刻遞金陵

十一日申刻遞天津

十四日巳刻遞鎮海速

未刻遞鎮海

酉刻遞上海

十五日巳刻遞金陵急

同刻遞鎮海
遞梅墟
遞鎮海
遞杭垣
申刻遞鎮海急
同刻遞鎮海急
戌刻遞福州
亥刻遞鎮海
同刻遞杭垣甚急
十六日午刻遞杭垣

未刻遞天津

申刻遞鎭海

酉刻遞上海

戌刻遞梅墟

十七日辰刻遞鎭海

未刻遞鎭海

申刻遞杭垣

酉刻遞鎭海

戌刻遞杭垣

亥刻遞杭垣急

同刻遞福州

十八日午刻遞鎮海甚急

申刻遞杭垣

戌刻遞鎮海速

二十日午刻遞上海速

亥刻遞鎮海

同刻遞杭垣

二十二日巳刻遞杭垣

同刻遞上海

酉刻遞上海急

二十三日未刻遞厦門

申刻遞杭垣 速

二十四日午刻遞鎮海

未刻遞杭垣

二十七日午刻遞鎮海

申刻遞鎮海

二十八日未刻遞鎮海

戌刻遞杭垣

亥刻遞鎮海

同刻遞鎮海

二十九日巳刻遞鎮海
未刻遞鎮海
亥刻遞天津
三十日巳刻遞鎮海
二月初二日亥刻遞杭垣
初五日亥刻遞杭垣
十二日申刻遞京都
十五日戌刻遞鎮海
二十日戌刻遞杭垣
二十一日戌刻遞鎮海

二十四日申刻遞鎮海

三月初一日申刻遞杭垣

初二日午刻遞杭垣

酉刻遞鎮海

戌刻遞鎮海急

亥刻遞天津

初六日戌刻遞天津

初十日酉刻遞鎮海

二十九日申刻遞鎮海

三十日午刻遞鎮海

六月初一日申刻遞杭垣

浙東籌防錄卷一上

稟牘

稟撫院劉　鎮海釘椿豫備堵口辦理情形由

大人閣下敬稟者竊職道接奉　憲台札開據甯鎮海防營務處杜丞冠英稟稱前議攔阻海口試釘椿木因款項難籌不敢再瀆惟是機勢日緊沈船一道似須有人籌備方可應急時之需陸勇祇能挑運石塊放船非其所長必須得力水師方能濟事可否仍照前案知會陳副將帶勇前來會商辦理等情到本部院據此除批沈船一事更難猝辦必不得已仍以兩岸釘椿中留行

船之路。尚可早籌豫辦。新任甯紹台薛道業已赴任。可就近稟商酌辦。如果信息加緊。准函致陳副將帶勇五十名來鎮幫助辦理。如工作需用多人。或就鎮防添派陸勇。或僱短夫。亦無不可。仰該丞就近稟商　提軍門暨楊統領酌辦等語。仍仰該道籌議具復等因。到道奉此。仰見　憲重防務。審度緩急。指示機宜。曷勝欽佩。職道遵於閏五月二十七日馳赴鎮海。先歷招寶山礮臺。審視口門形勢。天然實有可扼之險。查西人阻拒敵船之法。其用於水深之處者。曰浮礮臺。曰浮筏。曰浮縆。曰衝拒。其用於水不甚深之處者。曰樁壩。曰沈船。曰沈石。

曰釘樁而岸上之礮臺與水中之水雷則無論深淺皆宜用之招寶與金雞兩山口門之內潮漲時水深二丈七尺潮退時不過二丈則以釘樁沉船爲較合法前經杜丞以購器釘樁之說節次稟明　憲台核辦無庸贅敍職道　查勘杜丞所試辦之樁以長三四丈圍四五尺之木攢聚一叢作方格形其根深入泥底約及二丈上用鐵練箍紮更屬堅牢數月以來屹峙水中尚無衝損搖動之迹該口除塗泥淺水四十丈不計外深濶處約六十丈據杜丞擬稱中間約留缺口十丈以便船行而於兩邊各釘樁木每木二三十根釘作一叢每叢相隔

數尺橫排水面要使敵船不能闖過估計工料約須洋銀七千數百圓之譜 職道竊思外洋堵口之法利弊各半所宜深慮者莫如阻礙本國商船兵船往來之路先致自困尤恐關稅釐捐從此無著則二十餘營之防軍餉源先罄更爲可慮因晤商 提軍門且與杜丞及宗守源瀚詳細籌商擬覓留中間船路或十五六丈或二十丈仍一面購具舊船以備不虞萬一有警卽截石沉船橫亙口門亦易爲力然非到萬分危急之秋總以備而不用爲最妙惟近日警信頻仍防務孔棘勢難稍緩須臾已囑杜丞剋期興辦所需經費先飭甯波釐捐局

撥給洋銀千圓以資購料其餘俟接奉　憲批後陸續給領仍分節省浮費覈實經營其用款無論如何總不得踰洋銀七千數百圓之數倘值和議驟定海防解嚴亦即亟令停工以免虛糜款項至開辦之始尚須由　職道遵照公法條約照會各國領事諒彼族必無異辭也是否有當均候　示遵恭請　鈞安伏惟　垂鑒　職道福成謹禀

光緒十年六月初二日

稟撫院劉　遵飭暗阻海口引水密行辦理情形由

大人閣下敬密稟者竊於本年六月初一日奉到　鈞
諭接　北洋大臣電信錄發
諭旨一道即飭欽遵辦理等因奉此查各國輪船僱用
引水條約祇有聽其僱覓字樣並未指明中國必須備
有引水使其僱用今法人狡焉思逞處置引水一端實
爲要著甯波向有引水洋人必得生師密士二名領有
執照常駕小船在鎮海口外游行以備僱用現與本關
代辦稅務司紀默理密商并飭洋務委員李圭詳細議
覆若由稅司諭令該二人嗣後凡遇別國船隻仍照常

引帶。見有法國旂號之船。不得受僱。又恐彼等在洋。爲法人所逼。不敢不遵。或啗以重貲。暗爲引帶。仍無益於事。若竟撤銷執照。不使出洋。各國領事必不應允。惟有給費暗僱一法。似尚易行。亦無窒礙。查必得生師密士二人。每人月得引費約洋銀一百五十圓。職道因與紀稅司商定。密令該二人各將其船回泊鎮海近口一帶。不准出洋游行受僱。每人每月由官給洋銀一百五十圓。以資度日。如近處有別國船隻。仍准引帶。如見法船。應速駛回口內。倘遇別國人詢問。即以引費不敷。將有他圖爲辭。各國自無從藉口。惟給費暗僱。至少亦須一月如法事一時難定則按月發給如不及一月大局已定仍照一月發給即自六月初四日爲始二八均各悅服遵具洋文切結備案正籌辦間師密士已接法國兵船之信欲催令在定海鎮海各口引帶允否即須覆信定見據紀稅司密稱應另酌給洋銀二百五十圓方可免其受法人之僱 職道亦經允許事關大計不敢不從長籌畫相機措注惟是沿海漁民衆多良莠不一倘貪利受惑爲害將不可勝言除另行密察妥愼辦理隨時禀報並飭甯波府及漁團保甲委員一體確查曉以利害申明賞罰勿令該漁人等稍被煽惑致誤事機外理

合照錄稅務司所送節略謹呈　察閱是否有當尚乞
訓示遵行實爲公便肅此恭叩　鈞安伏維　垂鑒
職道福成謹稟

光緒十年六月初三日

稟督撫院南北洋大臣　夾單

敬稟者。竊照甯波鎮海口門擬釘樁豫備堵禦。業將試辦情形稟請　憲臺撫憲核示。嗣據甯鎮海防營務處杜丞稟稱。現在派員採辦物料。並安設機器樁架。俱已齊集。尅日興工。自招寶山石廠臺腳起。至對面金雞山止。兩邊排釘樁木。環以鐵練。中留船路十餘丈。以便船隻往來。并飭派紅單師船兩隻。靠樁抛椗。釘樁之處。日則插旗。夜則懸燈。以示行船趨向等情。即經　職道照會各國駐甯領事。并擬稿咨請　提軍門會銜出示曉諭在案。刻又據杜丞稟。釘樁處旗用紅色。燈用白色。酌留樁木一株潮漲時高出水面五六尺用作標誌職道以號樁出水過短不能及遠批飭酌量情形悉心妥辦此項樁木既釘非到萬分緊急之時不得輕議堵塞但嚴備以待消息鎮靜以定人心耳茲將釘樁示稿錄呈　憲鑒其照會大致相同故不重贅是否有當伏乞　訓示遵行肅此恭敂　崇安統維　垂詧職道福成謹稟

光緒十年六月十二日

院批所稱每木二三十根釘作一叢每叢相隔數尺一層似尚過密或隔丈許釘一叢中間以樁散釘入水其所留口門須俟事勢緊急再行堵塞此繳

南北洋大臣督撫院 夾單 爲英國有保護定海舊約請轉咨酌奪由

敬密禀者竊惟法人毀約以兵船游弋各口爲恫喝要求地步民情惶惑警報頻聞備戰籌防刻不容緩伏查甯波鎮海爲浙東海疆要口幸口門寬祇六十丈金雞招寶兩山對峙尚有可扼之衝現在修築營壘添駐各營於該口排釘樁木安放水雷已將各項要事商請提軍門分派各員迅速趕辦俾事歸專責而免臨時推諉貽誤布置已粗具端倪惟定海一區係甯鎮屏蔽孤懸海外港口紛歧雖有貞字等營扼要分駐而既乏兵輪四面受敵又爲南北洋必爭之地欲求設防周密倉

猝殊無良法・職道向聞道光二十六年中國與英國互立保護舟山條約五款・其第三款中國依允英國之兵退出舟山以後・亦不讓與別國・第四款英國依允嗣後有別國攻打舟山一帶地方・英國必爲保守務當將舟山送還中國・此事係兩國交誼和好・不須中國出款等語查舟山密邇上海・且逼近長江口外・若一旦有事而被他國侵佔・則於英之香港商務與東方貿易最有妨礙・英若不守第四款之約・則我亦不守第三款之約・兩國之損益得失・實無甚軒輊・立約之初・具有深意・揆之公法・自應永遠遵行・況英爲著名大國・必不甘心讓法・

而自廢前約以示弱於歐洲雖中國自籌要防不宜借力外人以啟窺伺之漸然苟有兵駐守再得英船一二號停泊於此并以舊約照會法國法人恐開釁於英畢竟有所顧忌未始非形格勢禁之一法 職道竊思此事於刊行條約中雖未載及而詢之英國駐甯領事攷之外洋新聞紙均已確鑿無疑既彼此兩有裨益斷不至無端廢棄惟外省案卷自兵燹後無可查考默計 軍機處及 內閣衙門必有檔案可稽似應將此約照會英國公使請其照約辦理萬一彼未能遵行亦可杜英人異日之藉口於我固無加損謹將繙譯新聞紙暨洋

交中英條約錄呈　察核・伏乞　中堂憲臺俯賜咨明　總理各國事務衙門查案酌奪施行・大局幸甚・專此肅稟密陳・恭請　崇安・伏祈　垂鑒・職道福成謹稟・

敬再密稟者・定海孤懸海中・居南北洋適中之地・道光年間英人入寇・先踞定海・而後北入長江・南取香港・咸豐十年天津之變・英法皆有兵船屯駐定海・以顧後路・蓋不特浙江一省之藩籬・實亦海疆全局之關鍵・爲今日計・宜合南洋數省之全力・練水師一大枝・建閫定海・則左顧右盼・著著爭先・最爲上策・否則亦宜有得力兵輪五六號・多築新式礮臺・輔以水雷・鎮以勁旅・廣儲煤

米子藥亦或可以固守若兵力餉力既皆不逮則近人魏源等皆謂定海宜棄而不宜守其論之詳矣然我棄而彼取之於此屯兵屯糧屯煤經營踞守將來北犯天津煙臺西擾長江諸埠皆得以此為後路恐大為南北洋諸省肘腋之憂則棄之又斷斷不可夫欲戰守確有把握決非一省之力所能辦到思維再四勢無萬全因念英國舊約保護舟山之說若中國毫無備禦而求助外人固多流弊若僅用以鈐制法人使法忌英而不犯定海固善否則法將與英搆釁是為法多樹一敵為我多得一助所謂牽一髮而動全神者也 職道抵任後竊

嘗留心察訪聞英領事與稅務司談及此事據稱去年英商恐中法有事損彼商務憶及道光年間英有願保舟山以免損壞港滬商局之約即具禀香港總督咨詢外務衙門旋接復稱仍可照前約辦理嗣英廷又將此約交大狀師查覆狀師謂立此約後咸豐年間彼此失和重在天津立約照公法兩國失和後立有新約如未聲明前約仍照行則前約皆廢故助保舟山之說應作廢紙然英廷既守公法不保舟山法人知有此約亦未必敢攻舟山以召英人之怨等語　職道默揣英廷用意始則欲護商局未嘗不思踐約繼畏法人強橫恐因此

而啟釁端不能不豫籌推諉之說然彼國狀師之言亦頗多支離失實按之公法兩國雖立新約未將前約聲明作爲廢紙即亦不能遽廢英人初意或料法人不過恫喝要求彼固不使明助中國以敗法事且法使與英使或已隱相約定但使英不助我法亦不撓壞商局均未可知今若果有戰事則外洋商務之在中國者英實居其八九且定海居港滬之間於英最有關係法人專利無信英人亦所深知　職道　昨以此中利害爲英領事固威林詳道之該領事深以爲然來書自稱官居微小未敢擅權應請稟咨總理衙門照會本國欽差最爲妥

便等因則該領事之隱情已可概見蓋英人如得中國一照會亦可有辭以告法人法不得以與英無干四字拒之或能辦到英法兩國私自定議法許不擾定海英亦不明爲保護則於地方已不爲無益矣不揣固陋覼縷密陳再敂

鈞祺 福成謹又稟

光緒十年七月初四日

附錄繙譯洋文中英條約

大清

大皇帝

大英

君主因欲和解兩國情意未洽之處願修舊好
大清國特派欽差便宜行事大臣太子少保兩廣總
督宗室耆英
大英國特派全權公使大臣香港總督世襲男爵德
微斯各將所奉全權大臣便宜行事之
上諭互相校閱諸屬妥當現將會議商定條約開列
於左
第一款
一
大清皇帝前允諭云一俟地方平靜而後許洋人入

廣東省城可無阻礙因地方官一時未能强令
民情依允經兩國大臣議定洋人進城之條姑
且暫緩此非
大英君主舍此利權不過暫緩而已
第二款
一英國商民可在廣州城外一帶地方照前約
有所限制者計共七十處地方平安來往有所
保護至各該地方名目已由該縣官於一千八
百四十五年十一月二十一日即道光二十五
年十月二十二日詳細照會英國領事照此而

行英國商民可於各該處河道兩岸如鄉村不多可以游歷

第三款

一

大清皇帝依允英國之兵退出舟山之後該舟山以後亦不讓與別國

第四款

一

大英君主依允嗣後有別國攻打舟山一帶地方英國必爲之保守務當將舟山送還中國此事係

兩國交誼和好不須中國出款

第五款

一因兩國路程寫遠現只須奉

大清皇帝批允之後立即將英兵退出舟山後經

大英君主批准此約兩國均須遵守

大清皇帝
大英君主各大臣同在廣東虎門蓋印畫押以昭信

守

大清道光二十六年三月初九日

大英一千八百四十六年四月初四日

附錄英宜遵約保護舟山說

舟山彈丸之地孤懸海外地瘠薄鮮物產魚鹽販夫之所寄跡無富商殷實之戶市廛寥落支港紛歧四面受敵無可扼守中國視之迥不若臺灣瓊州之重然而英人東來由舟山而得香港以此爲通商發軔之始因與中國互立和約不准讓與別國并申明保守舟山不須中國出款是何也蓋以舟山當南北洋適中之地又居上海香港之間貼近長江口外關係通商全局茍爲他國所有華洋各貨就近囤積必成大埠足以全奪香港之利而香港將成廢地故立約保守以息他國之覬覦舟山有事不難據約以爭不

必自居局外他國亦不能概以局外之例例之誠以收永遠之權利爲中國謀者小而自爲謀者大也自法取越南中法搆釁譯光緒九年十二月初七日英京所刻新聞紙內載香港通商會館司事懇祈英國外部大臣守一千八百四十六年即道光二十六年條約保護舟山永遠不讓與別國嗣經外部復稱仍可照約辦理具見情勢相同中外商民竊相稱頌以爲英所以執牛耳於歐洲者以其君民一心共保權利固非他國所能及也頃有自香港來者據稱英廷畏法强橫復有游移之意香港諸商因此甚爲惶惑

按各國訂立新約必將舊約聲明作爲廢紙方不照行此地球公法也查中英天津條約並未聲明將保護舟山之約作爲廢紙而英廷顧不免疑慮者豈不欲自結於中國并應得權利而顧失之耶豈有畏於法人而恐保護舟山將結法人之怨耶豈受法人之恫喝謂如沮其索償兵費之計即當與英爲難耶吾嘗熟察形勢審觀時變而慮英之爲法所欺或致貽悔於將來也英自近年以來持盈保泰日就因循今者舟山之事有約不守隱喻法人以退讓之意而其中餒已甚矣法人知之中外通商各國亦無不知之

法且乘英之中餒慫其陵轢顯迫英之避舍以成其雄長歐洲之勢亦事所必至未知英更何以待之且中國商務英居其九東西洋各國居其一自法人以兵船遊弋各口中國紛紛防堵商務窒滯不能流通英之暗受虧損不下數千萬磅而未敢聲言反自居局外之例坐視利權之盡失而其耗折更不知何所底止今基隆之役馬尾之戰法之肆毒已不留餘地中國亦命滇粵諸軍乘虛徑擣東京近又聞鮑爵帥率其舊部出關收阮氏之餘衆仗劉義爲先驅則法之不能全有越南必矣法既失越必於中國沿海各

島取一地以相抵邇來中國發憤自強決計不肯償無名兵費則中法戰爭未已曠日持久勢所必然英之商務不可復問是法欲拓其本無之土而致英失其固有之利也是法所明擾者在中國而所暗損者尤在英國也是法所欲索之八千萬佛郎未必可得而英之所耗恐已不止此數也是英甘心讓法既為法人所竊笑恐又為歐洲各邦所所輕視也何法之強而英之懦耶何法之智而英之愚耶不僅此也英如不守保護舟山之約日後如有他國與中國以利益相讓中國以舟山許之立埠英必緘口無言矣坐見

商務之日壞利權之日削香港之遂成廢地豈不大可惜哉爲英國今日計不過以一兩號兵船往泊舟山申明舊約照會法國法既與中國搆釁必不敢再擾一敵當舍定海而不圖是英祇用一二號兵船而定海可全定海全而英之商務亦全從此信義兼著盟約勿渝商民感頌名實無損不愧爲歐洲第一等强邦吾知英之君相善謀國事明於遠畧必不河漢予言也倘英以商務之重不自居於局外而以一言評中法之曲直法人不得以與英無干四字拒之必以有所牽制而戢其强悍不馴之氣得失之機禍福

之會間不容髮在英所以處之何如耳吾故曰舟山關係通商全局英宜亟加保護非爲中國實自爲也然觀從前所立保護舟山條約英人之自籌國計其意亦可謂深且遠哉

此篇係余屬慕賓楊楷所撰余復重加刪潤當時頗費經營脫稿後請本關稅務司葛顯禮繙譯洋文數分寄往倫敦報館刊刻分布厥後英領事每來晤談頗及定海之事微窺其意似其本國已密令留意者又不肯稍露端倪語氣在離卽之間余固默料英之駐滬總領事必已與法使巴德諾脫私自定議法不

犯定海以激英商之怒英亦不明言保護定海以撓法事蓋兩國自謀之道必出於此然尚未見實迹也次年正月法艦追南洋三輪并在滬浙洋面阻遏漕運新聞紙皆言法將孤拔欲先往佔普陀以為屯兵之地余忽接滬電局來電轉達英國總領事之意言英有保護舟山之約普陀亦舟山屬如法果往佔英願助中國驅逐等語蓋至此而英人之衷始盡揭焉彼總領事驟聞孤拔之揚言欲佔普陀信以為實遂怒法人不踐原約而宣其驅逐之說不知孤拔惟蓄意不往所以揚言欲往此正兵法虛者實之實者虛

之之意英總領事猝未料及而致徵色發聲旋知孤
拔之實不往則又默爾無言此中機括惟余始終體
會故知之最深他人皆不知也余始聞英有保護舟
山之舊約思用以鈐制法人經營半年頗收隱效蓋
惟如此用之最爲得訣設使英果有保護舟山之實
事恐將來又生枝節今惟英亦用虛與委蛇之法故
中國但收其益而不受其弊天下事虛實交相爲用
有時實用不如虛用者此類是也蓋浙省籌防之全
力什八在鎮海而什二在定海兩處相較則鎮海堅
而定海瑕當時孤拔若以全軍直趨定海則定海事

未可知定海稍有疏虞鎮防將士亦爲奪氣實以一隅而關全局乃法艦泊鎮海口外數月與定海相距咫尺絕無睥睨之意其往來兵船經過定海口門者日夜有之定防將士遙與相望而絕不來相犯覘敵情者可深思而得其故矣 自識

稟撫院劉　飭令甯郡天主教堂遷徙江北岸辦理情形由

大人閣下敬稟者竊查甯波城內向有天主教堂兩處爲法國所派浙江通省主教住址教士學徒數十人而華人之入教者頗衆目下防務吃緊民心未安若聽其散居各處非特難於防範且恐人民憤激易滋事端前月曾有謠言謂教堂有運藏火藥情事　職道派人查訪係屬訛傳然法人若久居城內終多隱患當經照會英國領事官兼辦法事固威林飭令天主教堂內法人男女老幼一併移往江北岸暫住嗣據該領事函復以該教士等不願遷移並據法國主教趙保祿兩次函陳語

多强橫經職道峻詞婉喻再三開導並設法使之悚然自危籌辦半月甫肯搬出倘有意比兩國男女教師及華民食教之病弱婦稚數十輩仍住堂內現派衛安勇十名分往看守名爲保護實亦隱寓伺察之意其分紮江北岸之衢標左哨百人與原駐之衛安勇五十人聲勢相聯稍資彈壓刻下兵勇民教均屬帖然堪慰

憲廑昨又據統帶貞字等營成守邦幹禀稱定海教堂七處近據北門外普慈寺僧密報有法教士二人往寺周閱並詢藏放火藥處所又向各處查探隘卡行蹤詭秘形迹可疑且民間傳言教堂運礮多尊倘法船抵口後

路空虛卽便轟城等語民心洶洶恐致生事稟請照會領事卽令遷徙來甬等情現已照會英領事固威林卽令該教士等迅速搬赴甯波江北岸或往上海暫住悉聽其便法之傳教士旣離教堂則入教之華民無所附麗可少無窮流弊除俟領事覆到辦妥後再行稟閩外一面函商成守妥籌辦理合將甯郡天主教堂遷往江北岸情形並照錄兩次復英領事函馳稟梗概再鎮口釘樁一事近日天時晴霽當可趕緊補鑲深釘已迭催杜丞令其及早竣工前稟添募衛安勇一百五十名均經　職道面驗能舉一百八十觔大石者入選茲已募足

人皆精壯靈動。即飭該管帶督率。加緊訓練以備有用。
合并附陳恭請　鈞安。伏維　垂鑒。職道福成謹禀。

計抄呈清摺一扣

光緒十年七月十九日

中丞批答。甚加獎許。復召首府。諭以省城內教堂。應悉如甯波辦法。首府等按照清摺內余與領事教士辯論之語。與諸教士理論約及一月。亦遂盡數遷出

附識

稟撫院劉　防備法船冒混進口先後辦理情形

大人閣下。敬稟者。竊於本年七月二十日奉　憲台檄
開。照得前准　北洋大臣李　電開。接准　總理衙門
於七月初四日來電。奉
旨著沿海督撫及統兵大臣速飭各防營見有法船進
口立即轟擊毋稍遲迴致落後著等因。欽此。欽遵轉電
前來。業已通行各統領在案。惟中國防營。恐未盡識各
國旗號。又恐法船僞託別國之旗。萬一誤傷。固屬別生
枝節。若誤容法船入口。爲害更鉅。應由關設法分別。並
先選熟識洋船之人一二名。送交招寶金雞兩礮臺。以

便登高識別。檄飭遵照妥速辦理等因。奉此。查法寇鴟張。兵端已開。海口駛進船隻。亟宜防範。以杜冒混掩襲之弊。從前西洋各國交仗之際。每有敵國冒用他國旗號。混過礮臺。再換本國旗幟。開礮轟擊之事。法人狡猾。恃蠻無理。此等詭計。固所不免。職道前聞馬江開戰之信。卽照會各國領事。凡有兵船駛來鎮海。務須先期知會。並囑超武輪船管駕鄧聰保隨時察看。俟其船抵口時。派弁持職道名片。過船一接。以便與洋船兵官彼此晤談聯絡。亦藉以知其礮數人數。頗收無形之益。又於虎蹲山七里嶼兩處。各設綠地黃斜十字方旗。如七里嘆見有法船。即竪旗知照虎蹲山。轉示金雞招寶。遞相呼應。俾可預爲之備。前有英美兩國護商兵船各一號。駛進江北岸停泊。英船名勇敢。兵官經樂遜。美船名亞爾思打。兵官海領頓。均與 職道往來拜晤。相待以禮。職道復將各國旗式顏色繪圖曉諭軍民。務使一望了然。不以誤認而致驚疑。迄今尙屬相安。又以前僱引水一事。該洋人二名。雖訂定不領法國船。而尙許其領他國船。當由 職道函商稅務司。轉飭必得生斯貫貼卽師密士二人。如到鎭海領港。先赴鎭海新關。告明係領何國之船。然後出口。卽由新關洋人貫歷轉告杜丞。業經節次籌辦各在案如此則何國兵船商船進口可以豫得消息隱寓稽查於杜絕冒混之法似已十得六七矣茲奉前因即經檄據洋務委員李圭查議稟覆並據稅務司函覆前來因本關無可派令前往瞭望辨認之人請由超武元凱兩船派人赴口外虎蹲山七里嶼兩處專司瞭望辨別船隻懸掛暗號傳信該兩山本設有燈塔旗杆由新關派人看管中外各船進鎮海口必由之路擬由 職道會同 提軍門出示海口大致聲明恐敵船闖入嗣後中外各船夜晚不得進口日間來者應於未過燈塔之先高懸某國旗號除常見之江天永甯宜昌

等商船外。其餘無論何船。均令在虎蹲山暫行停輪。俟派小艇迎上登船詢明後。送過礮臺。如來船並未懸旗。或形迹可疑。不准經過礮臺等語。一面照會各國領事。一面移行鎮海防營。並將示稿譯洋文由稅務司刊入外國新聞紙。俾各國商船兵船。咸獲周知。如來者果係法船。其面貌言語。均有分別。眞僞不難立辨。一經察出立卽阻止。倘再不遵。礮臺卽行開礮。盡力轟擊。如此辦理自斷不至混入。察核所議各情。似尚周妥。惟該員李圭所擬各國暗號式樣至十七號之多。恐難辨認。經商請 提軍門咨覆。以號數太繁。必多疑似。總以認別法船爲要著。擬仍以綠地黃斜十字旗爲準。以歸簡要等因。職道伏思各國與中國各船雖未可一一識別。致滋繁混。然須先事招呼。則輪船礮臺可以預備往接查看。而夜間懸燈。亦須分別顏色。現擬分以三色。如係局外各國輪船。則用白色。係中國船。則用紅色。係法船。則用綠色。燈須極大。便於瞭望。日間遇有法船。則仍用綠地黃斜十字方旗。將旗釘於板上。搽油禦雨。繫繩制風。又另製黑色圓者一式。爲中國輪船暗號。尖者一式。爲局外各國輪船暗號。送請　軍門轉飭元凱超武兩管駕派定妥弁速往辦理。並令元凱超武寶順三船每晚

泊於釘樁所留‖門之間以阻來船白晝泊於樁門之兩頭以備查看進口船隻似此節節識別呼應相通法船雖來似難猝然混入堪以仰副

憲屢惟虎蹲山七里嶼兩處洋面風浪較大難以泊船其派船迎詢一節將來或用舢板或用安旅小輪平時似祗能泊在口門以內今由　提軍門飭兩兵輪管駕妥議統俟咨覆到後酌辦　職道更有慮者法人狡詐此次閩洋之戰聞以遠鏡窺定礮臺注意轟擊蓋礮臺高矗形色顯然可以一望而知今鎮口兩岸各臺率皆依山傍麓但能隨其山之土草做成與山色相似使遠窺不能仔細亦虛實

參用之法現已商請　軍門並行貞字營統領成守酌核飭辦以上禁止各船夜晚進口並令懸旗停輪於虎蹲鎮口查詢各節俟　軍門覆到即由職道照會各國領事並會銜出示曉諭再刊入外國新聞紙一切事宜容再隨時稟陳外謹將防備法船混入先後辦理情形肅稟具陳仰候　憲台詧核訓示遵行恭請　崇安伏乞　垂鑒職道福成謹稟

光緒十年八月初三日

稟撫院劉　虎蹲山設立暗號並於游山派弁迎詢來船辦理情形由

大人閣下。敬稟者。竊照前奉　憲飭中國防營。恐未盡識各國旗號。應由關設法分別。並先選熟識洋船之人一二名。送交招寶金雞兩礮臺。以便登高識別等因。當經　職道商請　提軍門。並將先後已辦擬辦各情形。縷晰稟陳。諒邀　鈞鑒。旋准　提軍門分飭妥議。往復會商。即照前稟各節。分別趕辦。惟據杜丞暨元凱超武兩管駕會議。因虎蹲山風浪甚大。難以泊船。查得虎蹲山外一二里。曰游山者。擬撥安旅輪船駐泊。派弁迎詢來船。察看知會。已將議定各事由　職道　移行各營。一體查照辦理並將夜間不准船隻駛進鎮口及游山停輪候查等議照會英美德國各領事暨本關稅務司轉飭兵商各船遵照一面會銜出示曉諭刋入外國新聞紙務使周知如此逐漸布置想法人雖譎未必遽能冒混入口其餘未盡事宜自應隨時察辦兵機瞬息不能事事預定已咨商　提軍門轉飭各營認眞加意總期愼益求愼有備無患以副　憲台諄切告誡至意謹照錄示稿并畫暗號旗式呈　電恭請　鈞安伏維　垂鑒職道福成謹稟

再前稟擬飭將各礮臺倣成與山色相似以免敵人窺

洋。現據管帶礮兵守備吳燕禀稱礮臺直立。草皮泥不能貼住。若上顏色。雨淋即落。擬用外國之阿爾太塗成黑色。甫可耐久。雖與山色不能渾聯為一。而較之三合土色少為隱暗等情。嘗請 提軍門就近飭辦。知關憲廑。合并附陳。再請 鈞安。福成又禀。

光緒十年八月十一日

稟撫院劉　請於鎮海添設電線以捷軍報由

大人閣下敬稟者竊查鎮海距甯波水程六十里陸路四十里當此海氛不靖駐紮重兵軍書旁午遇有緊要消息不能呼吸相通若快船又須乘潮上下殊嫌遲緩前聞宗守面稟　憲台擬請於甯鎮設立電線一道因上海電報總局估價銀五千兩需款較鉅無可籌措事遂中止　職道抵任適值防務戒嚴警信日至因思軍報之遲速軍事之利鈍繫之況今輪船迅捷瞬息變幻與曩時內地用兵迥不相同近聞北洋籌辦防務推廣電報除天津所設正線外多分枝線以達新城大沽北塘

蘆臺及山海關莫不曲引旁通節節呼應如此則臨敵應變必可聲息無阻調度靈捷職道查甯郡爲全浙之門戶而鎮海口門尤浙東之鎖鑰每至事機緊迫間不容髮萬一得信稍遲恐滋貽誤經飭洋務委員李圭商之本關稅務司葛顯禮函詢上海大北電線公司訂一最實最廉之價據開約數需洋銀二千四百八十四圓而江北岸過江之水線在外仍爾須履勘丈量再定確價職道詢之宗守此價較前數減省三倍似無浮冒惟洋人習氣始則減開價目往往於經辦之後逐漸加增令人不能中止自必訂議明確方可舉行適葛稅務司

屢詢此事能否必辦。職道知洋人性情於此等事件。皆樂爲成就。而葛稅司人亦明練誠實。頗肯出力相助。因答以現當餉需支絀之際。倘需價稍多。勢所難辦。若大致不離洋銀二千數百圓之譜。則爲數尚廉。可以毅然任之。復與　提軍門及宗守籌議。意見相同。而洋務委員李圭亦願勉襄是舉。疊與葛稅司切實商辦。函邀大北公司於八月十二日派洋人來甯勘量。自鎮海城外營務處杜丞冠英所駐之釐卡起。沿江至郡城和義門外江北岸新江橋邊止。計陸線直路共三十九里。又用水線過江。至甯郡原設電報局止。計長一千尺。除挑墊人夫用勇丁充當不計外其水陸各材料暨川資水腳薪工等項共需洋銀二千五百三十六圓有續增二百九十七圓在內較之原估之數又已減少約十日內完工開具工料清單由委員李圭核明稟呈前來職道當擬辦之初曾函商電報總局經紳元善據覆稱上海製造局欲接線至洋塲路僅十里洋人開價至需規銀一千七百兩之鉅今此單十分便宜勸郎決計訂辦等語蓋稅務司與李委員皆願盡心竭力贊成要務如電桿本須每根洋銀四圓一經設法籌措僅需兩圓有奇計省洋銀五百餘圓又勸大北公司一再減讓該公司亦

希冀浙省日後生意。是以逐款核實格外遷就。竊思此項電線。固於甯鎮收便捷之益。如　憲台調度各營。指示機宜。在省發電可以直達鎮海。即海口緊要軍情。亦可逕達省垣。無轉折遲誤之虞。其有裨於防務者實大。擬候　批准。即由　職道照會稅務司。并飭李委員與該公司議定。應令來甯建造。剋日竣工。所需經費洋銀二千五百餘圓。可否仰懇　憲台俯念事關大局。准飭甯釐局動支給領。作正開銷。海防幸甚。至各省電局。向歸商辦者爲多。惟線由官造。如廣西之龍州。北洋之山海關等局。則歸官辦。蓋以商報絕稀。無所取貲。商人不願賠墊也。今自鎮至甯商報亦少。商局既不肯承辦。若官自設局。需費必多。因與甯郡電報局紳士華志青再三商酌。擬歸該局兼管。每月經費最少須貼洋銀三十圓。如收有報貲。仍行扣算。當此公項支絀。不敢不從長計議。擬令該局將鎮海所收商報之貲。按月開呈甯釐局核明後。其不敷之數。應請　飭局一併支給。實爲公便。謹照錄大北公司來單。肅稟具陳。伏祈　察核。批示遵行。恭請

崇安。　職道祁成謹稟。

光緒十年八月十三日

院批。據稟自甯至鎮。擬設立電線。便捷軍情。准其照

辦所需經費均可作正開銷惟梅墟策應之營尤須與前敵呼吸相通應於梅墟營中留一電線無論由甯由鎮均可徑電錢鎮坐營似須專僱一人在錢鎮營中安設電房辦理此事所加之費亦即核實彙總開報仰候檄飭防軍支應局轉飭甯釐局遵照支給至另稟所請前運省城之打字機由甯領回應用是否尚存並候飭局立即查明具覆暨候行司知照此繳

此線造成甫三閱月而法船已至一切調度機宜由杭而甯由甯而鎮頃刻可傳達各營雖相距數百里

而號令迅捷如在一室於是撫院不進駐甯波而與駐甯波同巡道不常駐鎮海而與駐鎮海同蓋撫院與巡道於海防應辦之事甚多若離衙署轉覺滯於一隅不能兼顧全局今不曠通籌調度之事復收前敵指揮之益自非電線不爲功方事棘時電報往來日十餘起軍機變幻瞬息靈通余自此役以後益知電報之爲用於軍國甚鉅附識

稟撫院劉　夾單

敬稟者竊　職道前稟虎蹲等山設立暗號並於游山派弁迎詢來船辦理緣由接奉　憲批所定辦法均屬周妥其餘機密事宜仰即隨時商請　提督轉飭各營認眞加意防範此繳摺存等因奉經咨行照辦在案當前稟發後又准　提軍門移開據甯鎮海防營務處杜丞元凱超武兵輪貝鄧二管駕會稟稱查識別來船暗號一節擬由超武元凱兩船選派熟悉各國旗幟水手兩名於金雞山望臺攜帶千里鏡輪流調換常川駐宿專司瞭望如遇法船駛來懸掛綠地黃斜十字旂別國船

隻懸掛黑旂中國船隻懸掛紅旂俾各營一目了然至夜間船隻難以認識誠恐瞭望錯誤反致張皇應請毋庸懸燈等情擬卽准照所議辦理移請核覆前來　職道以杜丞等所禀但云金雞山望臺派人駐宿而於虎蹲七里嶼兩處如何辦理並未提及其間相隔十里不無遠近前後之分而游山之外七里嶼燈塔之內須撥安旅輪船駐泊迎查則瞭望聯絡亦不可省復經檄據該丞禀覆據稱金雞山與七里嶼眼界相同七里嶼所見金雞山亦能見之且七里嶼甞燈洋人謂房屋窄小食宿不便是以前禀未曾議及等語又據另禀擬於江天

永甯宜昌等常見之船外．如遇未經領事知會．及未扯旂．不肯於游山外停輪待查之船．即行開礮．設遇兵輪二三隻或四五隻．同時駛來．查驗不及．無論扯何國之旂．一面開礮攻擊．一面閉塞口門．各情．又經 職道 檄飭洋務委員李圭議覆．據稟虎蹲山管燈人處．向來備有各國通行停輪之旂．如見有來船．已至游山虎蹲之間．即懸旂令其停輪．如不停輪．再由鎮海礮臺聲礮．倘有假冒希圖闖入之船．並不停輪．即行開礮．第一礮擊放船頭半里之外．再不停輪．第二礮攻擊船身．此係各國海上阻船通例．如來船並不遵照示諭．夜間仍欲進口．

或在日間並未懸旗，不肯於游山外停輪待查，自應照此通例逕行開礮阻止，即被擊破，咎由自取，與礮臺無涉。至船多同時駛來，無論扯何國之旗，即行開礮攻擊，恐局外和好各國一聞此令，勢必譁然不服。稅務司亦謂難行，自應毋庸置議等因。職道節經察核杜丞李委員等所論，分別照會稅務司照辦，一面咨行查照，現又摘敘照會英美德國各領事，以昭詳慎。昨聞基隆獲勝，各口尤須嚴防，其餘應辦事宜，惟有隨時商請提軍門相機辦理，期收實效，仰慰憲廑。再前擬礮臺做法，俾與山色相似，守備吳燕擬以阿爾太染成微黑色，然

數月之後仍恐退淨此次　職道舟回鎮海於十里外用
遠鏡窺視礮臺巍然高矗太覺顯露因與杜丞等商之
據杜丞稱擬於蔴袋等物疊砌之外貼以草皮土泥俾
敵人驟難識別仍俟試辦後再行定議謹將虎蹲山懸
旂知會來船停輪及金雞山派人瞭望續後辦理各情
肅泐稟報仰祈　憲台察核示遵恭請　崇安伏維
鈞鑒　職道福成謹稟

光緒十年九月初一日

浙東籌防錄卷一下

稟牘　詳文

稟撫院劉　報赴定海閱勘礮臺防營並請抽調營勇赴定海防守由

大人閣下敬稟者竊維定海一廳孤懸海中居南北洋適中之地為敵船往來所必經亦即中外用兵所必爭若多事之秋洋輪踞此可以屯兵屯煤屯糧縱橫四出未必非狡寇所注意定海有警則鎮海各口不能高枕無虞蓋定海實甯鎮兩防之前敵亦浙東全境之藩籬也職道履任之初即擬赴閱定防察其是否可恃適值馬江臺灣相繼開戰防務喫緊未便遠離近聞警信稍

鬆·職道 郎於八月二十四日·馳赴鎮海·乘超武輪船出口·由蟹箝門竹山門抵定海廳城·一路輪行·遙見長隄一線·隄底濃煙四出·礮聲隆然·而礮洞隱於隄身·驟難窺測礮之所在·沿隄槍聲·又不知人數多寡·布置似尚得法·旋晤貝鎮軍及成守邦幹·詢以軍需·據云籌糧支四五十日·藥彈可資兩三仗·其沿海長隄長濠及隘卡九處·一律修築完整·置備釘桶篾簍數千·各口趕釘三杠漁網·火藥分儲五處·五奎山繞山加築土城·獺山五奎山礮臺外·均釘巨樁兩層·築護土三丈·另築一隄·隄外開濠·濠外竪立木城·皆已竣工等語·二十五日黎明·

會同貝鎮軍成守等，乘惠濟小輪，由五奎山後循隄而東，至十六門口，轉由大渠門過五奎山前，進吉祥門，即火燒門，出竹山門，又循隄而西，出螺頭門口外，轉由盤棋山抵五奎山，一路測量水勢，約十五六托，至二三十托，最深者五十餘托，港面闊十餘里六七里不等，如欲阻截海口，斷無此巨款，且萬難設法，旋登五奎山周閱形勢，貝鎮軍等深慮孤峙無援，山係石質，不能鑿穴置礮，如敵在吉祥門外，以大礮轟擊，兵勇無可藏身，一有挫失，則軍心皆震，恐致牽動全局，殊覺躊躇無策，二十六日黎明登岸，循大隄而西，由竹山嘴獺山螺頭山虹橋過毛嶺卡至東嶽宮循隄至東港浦青壘頭察閱隄身高闊隄濠二道足資扼守其西皐嶺姚嶴螺頭毛嶺四卡曉楓頌河長春西磔青亭等嶺五卡與各營壘皆極堅整試放鋼礮尚能有準試演地雷一具猛烈無比似係陸戰利器惟隄底暗藏各鐵礮身短彈小不能及遠爲可惜耳二十七日復乘超武兵輪進鎮海口門順便察看釘樁沈船工程兼閱礮臺即經梅墟晤錢統領商論要務回抵寗波郡城 職道此次渡海親歷定海各要隘知成守於一年之閒督率弁勇濬築長濠長隄創建石卡土城工程浩大措注周密實有他人積三四年

所不能辦到者其堅忍耐勞諳練戎機固不可及而合防營員頗各具樸勇之氣軍心固結地方人民亦屬相安貝鎮軍廉勤果毅接篆以後與成守和衷共濟壁壘一新竊見貝鎮軍成守談及防務皆誓以死中求生義形於色若論人事之措施及兵力餉力所能辦到者不過如此惟定海地居衝要四面受敵既無堅利兵輪又無得力礮臺查合防鋼礮僅得四尊且非精品其資以守禦者專恃陸師而口門甚多處處可以登岸實非四五千人所能兼顧如西碶嶺長春嶺分紮一哨螺頭山僅紮一旂西皋嶺姚嶴等卡無兵分守單弱可虞職道

細加體察似尚須厚集兵力始足以敷分布極知目下餉項支絀未可輕言添募然既有所見不敢不陳如蒙

憲台俯念定防關繫緊要能否再於閩省防營內酌量抽調赴定以資防守非惟全浙之福亦大局之幸也謹將察勘定防情形肅泐具禀恭請

崇安伏惟

垂

鑒 職道福成 謹禀

光緒十年九月初三日

再稟撫院劉　夾單

敬再稟者。職道由定海回甬。順道察勘鎮海各礮臺。據杜丞等議及。欲稍分小港礮臺之礮。置臥龍岡。稍分超武元凱兩船之礮。置招寶山後面。二處頗皆扼要。職道亦謂方今用礮。愈分愈妙。愈隱愈妙。抽撥苟能得地。自屬有益無損。聞　提軍門楊統領皆以爲然。除已由杜丞等稟辦外。其口門釘樁二十一叢。有四叢已各滿百枝。籠以鐵練。較爲穩固。其餘每叢或六七十枝。或三四十枝。尚須補釘足數。惟八月初旬風潮極大。已有四叢被其衝壞。更須設法另補。沉船二十四隻。有一隻衝至口門外數十丈似係裝石未滿之故杜丞擬將樁縫各船逐漸補添石塊使之塡足惟各樁如須每叢釘足百枝尙少樁木千餘根一時購料維艱且樁船愈密潮退時內高外低施工不易加以風雨過多致難蕆事前奉
鈞電屬催釘樁等事遵卽函詢杜丞並與宗守商定屬杜丞將應釘之樁數算明與兩輪船四紅單暨礮臺弁兵均勻分派各認若干俾各有責成互相比較以便早日完工昨據杜丞復稱卽已照辦且稱時已深秋風浪較大工作尤爲費力惟有會同陳副將親自督率嚴加催趲俟叢樁釘齊趕於沈船前後加釘散樁等語至

梅墟釘樁一節據宗守稱甯郡木料無多購辦頗需時日若在滬上徑購洋木則該價須加至四五倍現計口門所需補釘之正樁千餘枝杜丞等搜覓月餘尚未辦妥其散樁二千枝更不知年內能否齊集是就人手物料而論梅墟釘樁或須遲至明春殊恐緩不濟急而杜丞函致宗守亦極慮其難不願承辦 職道與宗守籌商再四竊謂梅墟與口門情形稍異與其釘樁不如仿定海長隄之法沿江修築土隄土卒既可護身站足而隄洞置礮隨處狙擊即土礮亦可得力聞昔淮軍攻湖州時開花礮所擊輒能糜爛惟裏山七里瀆一帶賊倚土

隄爲固人匿隄下開花礮竟無所施其技近者福州之長門金牌臺灣之基隆淡水所築三合土礮臺法船以大礮遙擊皆已殘燬無存惟劉爵帥所築之沙泥礮臺完善如故礮彈陷入沙泥輒卽不能開花是蓋以柔克剛以土制火制金乃造化無窮之妙用且土功祇需人力可以剋期動工既省經費而獲益較鉅適宗守因事赴梅墟與錢統領面商各事現擬暫緩釘樁仿定海三杠挂網兼防海新論繩裏敵輪之法該處礮臺擬不作三合土以省浮費沿江土隄之說錢統領亦甚以爲然俟新勇略加操演卽可議築想諸事當由錢統領分別

稟請　憲核又梅墟電線錢統領謂不必過江江北段

營官營壘之旁適有民房可以租作電氣房且有馬船

渡信甚便毋庸多出水線與造屋之費如此略爲變通

是亦撙節之一道也肅此再啟　鈞安　祗成謹又稟

光緒十年九月初三日

再稟撫院劉　夾單

敬再稟者職道到定海連日與貝鎮軍成守晤談據稱內地布置似略有數分把握惟五奎山首當敵衝孤懸難恃設有疏失必致震動全防擬移臺內大礮分置老岸隄上東西夾擊守五奎山前洋面以空礮臺誘敵登岸轟以地雷較爲穩著並遞有說帖一扣請爲轉呈

憲台鑒核職道親至該臺再三審度所見相同因與商議若五奎山徑棄而不守雖於兵機確不可易恐衆論不能相諒似莫如稍用變通之法移去臺中大礮保全利器固是要著且分擊以作遠勢正卽所以保五奎山

該處隄內有濠，隄洞分置鐵礮，若稍撥礮兵照料，而於岸邊埋伏地雷，敵船倘以大礮遙擊空臺，固無所慮，礮兵隱身隄下，可避礮彈，敵如近隄登岸，則隄礮出其不意，隨處狙擊，彼船必有損傷，若地雷一處得用，更可摧敵而獲全勝，如此則五奎山雖設守具，不致多耗精銳以墮士氣，似係萬全之策，貝鎮軍成守皆以為然，倘蒙俯如所請，卽懇　飛咨貝鎮軍，並飭成守，趕速籌辦，庶於定防全局有裨，又該防大礮甚少，貝鎮軍成守搜羅廢礮，約可得鐵十餘萬斤，擬改鑄礮彈，再購生鐵萬斤，可就地鑄成大礮四尊，分置要地，計其費不過鋼礮

一尊之價似尙合算開明具咨稟專候　憲裁核定肅此再敂　鈞安　職道福成謹又稟

附呈說帖一扣

光緒十年九月初三日

附錄定海鎭貝錦泉統領貞字營成邦幹說帖

竊五奎山礮臺買鋼礮一尊彈遠不及十里大鐵礮四尊改修礮架彈遠三四里此外別無大礮可以擊遠探聞閩江基隆礮臺被敵毁壞均因臺無及遠之礮任敵從容環擊人力無從保護臺旣被轟礮亦隨燬深爲可恨五奎山礮臺緊對吉祥門水深三四十

托不論何項鐵艦均可游行倘敵船一至口外即以巨礮遙擊該臺無及遠之礮敵能擊我而我不能還擊敵船已無從設法抵禦雖該隄之外現已釘樁兩排加築護土三丈嵌樁於土或可當敵彈另築高闊土隄阻敵搶臺而無如臺後隄後貼近石山敵彈不須準擊礮臺對山遙轟不論空心實心彈落石上炸裂開花其力甚猛山皆石質不能開掘土洞在臺在隄兵勇無地駐足不得不退伏山陰俟其登岸再行出擊果天奪其魄於大礮儘力轟臺之後見我兵寂無動靜即蜂擁而上踰隄搶臺則退伏山陰之兵奮

力馳往與決死戰勝負尚未可定第法教士在定多年法船來定多次必深知五奎山周圍僅止里許四面環海絶地孤懸萬一遂其狡謀轟臺之後不遠上山先於大渠吉祥兩門闖進數船繞山轟擊山陰亦毫無障蔽不能隱伏一人且石多土少不能穴隧兵勇進退無路敵彈如雨祇能坐以待斃所有內地防軍限於隔海臨事不能赴援此大可慮也兵家先計敗後計勝倘該山一有挫衄內地居民必頓生驚擾在防軍必因之搖動貽害大局豈堪設想錦泉等身膺重任不能不力求穩著再四會同審量五奎山礮

臺果有六百磅子鋼礮四五尊能擊敵船於十里之外彼以礮來我以礮往於礮上用功練準以角勝負豈不甚善無如該臺礮位彈小而不能擊遠反覆籌思與其困守絕地有用之兵有用之礮均付之孤注一擲不若及早變計移礮分置老岸隄上該山兵勇隨礮守隄有益防局之爲得也五奎山海中小嶼毫無依傍以兵據守不過僥倖萬一之計如老岸有得力之礮互相遙守守較穩而無害今擬移三礮分置東隄移兩礮分置西隄趕築土臺五座計椿石工匠之費每臺不過洋銀五百餘圓工作以兵勇任之半

月可望告成．如敵船闖至五奎山前洋面．東西隄礮交互對擊．使不得停泊．敵船闖進山後內洋．卽藉隄礮扼擊．使不得直撲老岸．一轉移閒．五奎山仍守而不棄．老岸增此礮力．兵力．防局更固．該臺礮位與現派駐臺兵勇．移守老岸．雖敵勢甚猛．決無先敗之處．則內地民心．不至震懼．軍氣不至沮喪．並擬於該臺置土礮兩尊．於該山徧窖地雷．於現築土城土隄內．虛張旂幟．選募善泅者二十人．埋伏山內．敵至之時．臺內仍閧礮誘敵．使其儘力轟擊．多耗藥彈．敵如踰濠越隄．登岸搶臺．卽齊發地雷．以殲之．可操勝算．如能獲一小勝、則內地之軍氣倍壯、民心愈安、其利害得失、不待智者而自決矣、錦泉等愚昧之見、以現在兵礮扼守五奎山、於防局無甚大利、如五奎山一有挫失、必至貽害全防、所關並非淺鮮、其所以未敢輕請變通辦理者、因該山礮臺創造有年、該山兵勇又係郭前鎮咨定派撥、未便率意更張、茲幸巡閱到定、謹請復加察勘、並具說帖一扣、乞郎據情轉呈撫院憲鑒核、是否有當、恭候裁示遵行、

稟撫院劉　定海法教士業已遷去照錄函件呈請察核由

大人閣下敬稟者竊查定海天主教堂擬令遷移一事經 職道迭次函致英國領事官固威林俾轉告法國主教趙保祿峻詞婉喻百方開導而趙保祿來函與貽定海廳陳丞書語多蠻橫隱寓恫喝挾制之意 職道以稍示鬆懈則彼燄益張須使知我意百折不回則彼未嘗不因疑生餒於是持之益堅與領事等往返辯論筆舌兼施剛柔互用且再三申明不能保護之說復隨時設法旁敲側擊中其所忌相持復一月有餘迨八月下旬

職道與領事等談及將赴定海忽於起程之前一日由

英領事送驗憑單三紙，乃係法主教遣意比二國教士，往定海代法教士看守堂屋者。職道抵定海，詢之成守陳丞，據稱法教士似知職道將到，甫於昨夜盡數遷去，僅來意比二國男女教士三人在堂看守。蓋定海居民入教者有二千餘人，法教士未去之時，每日糾教民二百在天主堂內操演，槍聲遠震，殊屬可慮，今則庭戶闃然，官民無不慶忭等語。職道已飭陳丞等選派老成兵役，分住堂內，名爲保護，亦藉以兼察動靜。職道昨晤英領事，甚稱此事辦理得法，頗爲心折。刻下法教士既離定海，教民無所附麗，自無意外之慮，堪紓 憲廑。謹將

法主教來函及與英領事往返函件摘要錄呈 鈞鑒

肅稟恭請 崇安伏惟 垂察 職道福成謹稟

計抄呈清摺一扣

光緒十年九月初四日

禀撫院劉　遵飭勘辦梅墟釘樁事宜由

大人閣下敬禀者竊職道前接劉令頌年電稱奉　憲
台面諭梅墟釘樁事宜應即速辦旋因劉令道經上海
職道函致江海關邵道俾劉令親赴吳淞詳細察勘辦
理情形迨劉令由滬回甬職道與寧波府宗守詢知梗
概復屬劉令將地形水勢庀材租器各事確切攷究通
盤籌畫因梅墟地勢與鎮海口門稍異故擬仿廣東吳
淞之法不釘叢樁而釘聯樁茲據宗守送到節略並繪
呈圖式雖核之初議不無稍爲變通之處而大致可期
堅穩適用不至虛縻帑項昨聞劉令轉述　鈞諭叢釘

不如散釘之妙此中布置具有深意惟内地松樁根粗梢細長至四五丈不能上下均齊根根峭直以之散釘恐難得力查吳淞口係用十五六寸見方根梢一律之洋木散釘其力頗爲堅實若仿其制似尙合宜現量梅墟江面寬一百十餘丈除淺處不釘外以九十丈江面計之中留口門約十六丈共釘七十四丈兩邊各釘三十七丈即仿吳淞之式每隔一丈對釘兩巨樁約需樁木一百四十八根又口門兩邊各直排五對亦每開一丈釘一對計需樁木二十根又各斜釘六對俾成勾股之形以壯樁力計需樁木二十四根凡對樁之開各留

空處橫嵌一樁．鋪以平板．人行其上．如橋面之式．用粗長熟鐵條．穿釘其兩頭．另以鐵螺絲鈴緊．使三木聯而爲一．計需橫樁木共二十六根．總計需用巨樁二百十八根．擬選購呂宋鐵槽木．即俗所呼硬木者用之．每根見方十二寸．長約四丈．緣測量梅墟江中水勢．潮漲時水深不過二丈以內．四丈長之樁．以二丈入土．二丈在水．潮退時水面可露數尺．潮漲時樁與水平．足拒敵艦矣．此項硬木劉令在上海洋行確詢價值．每根連運甬水腳約規平銀二十兩．計二百十八根．需規平銀四千三百餘兩．租用樁架兩三副．每架僱工人兩三名．其幫打並拖運木植粗重等事概用梅墟兩岸營勇又需熟鐵條二三百根鐵螺絲五六百對總計樁木與樁架鐵料等項一概在內約需規平銀五千兩較之內地松樁每叢百根之經費亦大略相等如此則需費並不加多而辦法約有數善每閒一丈散釘兩巨樁上嵌橫木無論大小船皆不能過除口門沉船外可省樁縫沉船之費一善也叢樁百枝樁縫沉船激怒水勢鎮海口門兩岸皆有高山故行舟溜險之外尚無他患若梅墟兩岸平疇水怒必傷隄岸今散樁形如木橋水勢無激怒之虞亦無阻遏之患二善也叢樁沉船雖相依傍而仍各

自爲力令每邊三十七丈與口門之直排斜排皆有橫嵌之巨木又有穿銔之鐵條聯成一片其力愈覺厚不可搖三善也有此三善且與散釘之　憲諭相合前與統領親兵小隊等營錢鎮玉與晤商亦頗以爲然查梅墟有礮臺四座其在上游兩岸者謂之上礮臺在下游兩岸者謂之下礮臺今於上下礮臺居中之處釘樁最爲扼要即以礮臺護樁礮力所及彌形穩固此事經　職道與宗守籌商攷訂不厭精詳漸得竅要而經營相度皆係劉令之力查劉令明幹耐勞練達時務若令一手承辦必能切實經理　職道與宗守意見相同擬即責成

劉令始終其事仍由 職道 與宗守隨時督率考覈其工
程大端如尚有須斟酌盡善之處亦遇事妥商辦理又
職道 接奉 函諭梅墟釘樁准照所擬核實辦理是事
機所在不必再緩而購辦木料必須一次整運較為合
算擬即檄令甯釐局將現估釘樁經費發給劉令實用
實銷以期無誤要防再吳淞用十五六寸見方之木及
火輪樁架其費更大茲擬用尋常機器架木僅十二寸
見方費較撙節合併聲明所有梅墟釘樁事宜謹繪圖
肅稟具陳恭請 鈞安伏惟 垂鑒 職道福成謹稟

附呈釘樁圖式一紙

光緒十年十月二十九日

釘椿有二法，一曰叢椿，一曰聯椿，鎮海口門所釘者叢椿也，此則仿照廣東吳淞之式，議釘聯椿，厥後因經費不敷，未及舉辦，錄此以存籌釘聯椿之梗概，附識

稟南洋大臣兩江督院曾

澄駛兩船在石浦沈没開琛瑞三船應如何進止請飭遵由

宮保大人爵前敬稟者。竊於本月初四日據石浦廳同知黃貽楫象山縣知縣鄒文沅先後稟稱。光緒十年十二月二十九日。法船七艘追逐南洋援臺兵輪分泊石浦潭頭山洋面。澄慶馭遠兩兵輪。被逼入港停泊天后宮前。三十日夜四鼓。我兵輪與法船相拒。礮聲不絕。至十一年正月初一日辰刻。探報兩輪已相繼沈没。同泊商漁等船數十號。及地方兵民均相安無事等情到道。伏查開濟南瑞南琛三船。於除夕四更駛入鎮海口內。

彼時尚不知澄馭二船下落迨正月初二日始聞有在石浦被圍之信職道一面電請 浙撫憲劉 就近電撥防軍一營馳往石浦會同象石練軍以張聲援復挑選道署衛安勇五十名甯波府署巡防勇四十名交石浦都司鄭碧山帶往以備策應照料復札飭石浦廳象山縣設法接濟煤糧許其報明支款原冀稍與相持敵船不熟水道煤盡而退則兩船尚可保全無如石浦距甯波三百餘里又隔於海汎必須水陸兼行聲息不能驟達援軍星夜拔隊非初四五日不能馳到而二船已於初一日沈沒竟不能拒守數日以待援應殊深惋惜

現聞該船勇丁各攜十六門後膛槍登岸四散而此二船幸未毀壞查該船及船中克鹿卜礮位與各項要件當時製備之初用費數十萬金今雖沈水將來用吸水大機器浮出尚堪駛用若該將弁等竟自棄去則沿海貧民漁戶及台郡匪徒必來乘機搬竊物件拆毀船板卽地方官亦不能兼顧應請 嚴檄責成該二船將弁等勿徑棄去妥爲看守徐籌浮駛之法頃又據象山鄉令禀報初三日午刻石浦口外法船七號悉數南行開往台溫洋面似因該處謠傳開濟等三船奔向溫州故法船特往尋擊尋之不得難保不去而復來然彼在海

嶼四路招尋・亦必有十數日或五六日躭誤・此時三輪遵照
電諭・乘隙駛回上海・或徑回江陰・最爲穩愼・若再遷延・恐又被敵攔截・無如統領吳鎮既赴石浦・該三船管駕又以不敢自主爲辭・且因數日以來時有謠傳・佘山尙有兩法船之說・故 職道亦未便强之使行・惟目下確知法船大隊既已南行・若法僅留一二船在佘山等處・其勢甚孤・且不過巡瞭送信之船・亦未可定・從前法人鬭援船既出・不敢不結大隊而行・今則其氣甚驕・故敢零星散布洋面・兵法進退虛實屈伸緩急機宜・使敵莫測・

開探端三船·本皆係碰快之精艦·倘見敵船小而少·儘可乘其畸零擊其驕惰·比法大隊聞知·而我船早已收入口內·即能覆其一二巡船·亦足稍令我軍增氣而償澄馭兩船之失·萬一不顧·與彼交鋒·則燒足煤火·裝齊子藥·黑夜潛駛·柰山即有法船·自知勢孤·未必敢追·即追亦未必能得利也·職道仍當隨時代為確探·若果有危險之處·必不迫使出口·若有隙可乘·即當恪遵
電諭·妥為勸導·然勸而見聽·向難豫定·如有 指揮進止之處·均求 鈞電徑飭該統領管駕等施行·是否之處·伏候 鈞裁·恭請 崇安·職道福成謹稟·

光緒十一年正月初五日

稟撫院劉　法船在口米船不到請招商運米免收釐稅由

大人閣下敬稟者竊查甯郡地處海濱產米無多向藉江蘇鎮江等處及浙西各屬販運接濟承平無事之時年須進口一二百萬石方敷民食刻下法船臨泊口外水陸接仗蘇商米船不到糧價日昂鎮海尤甚聞一舖甫開釜秉駢湊頃刻已盡當此大軍雲集足食為先雖正月十五十七日兩次獲勝已挫兇鋒第恐狂寇相持不退則各營計口授食不能一日缺乏必須及早圖度以定民志而固軍心　職道與甯波府宗守再三商酌祇緣無款可籌不能派員採辦因邀集紳董籌議招商販

運一面分檄紹台各屬勸諭商船販米來甬成效如何
尚無把握應請　憲台咨明　江蘇　江西　撫憲轉飭各屬遵
照曉示商民或由內河販運經過各關卡運寧米船持
有護照免收釐稅即便查驗放行一面檄飭杭嘉湖衢
嚴等產米各屬出示招商一體遵辦倘有殷商富戶同
心敵愾樂爲捐助并乞俯准立案量予給獎以期踴躍
輸將防務幸甚再米糧一項浙省並不抽收釐稅蘇省
如何辦理應否　奏免并候　憲裁肅此恭請　鈞安
職道福成謹稟
光緒十一年正月二十日

稟南北洋大臣督撫院　夾單

敬稟者。竊照法船侵犯鎮海。先後接仗。業將沈船塞口。禁止往來各情形。稟陳　憲鑒在案。自照會曉諭以後。美國領事司提文屢次函請欲准江表商輪停泊口外之虎蹲山卸客起貨駁船盤運。並擬親自往接保護通商。面與　職道再三商論。且云前次德國商船來甯。曾據法船謂此來並不欲擾商務。自可照常往來等語。曉聒不已。而華商闘照等船。亦皆滿載貨物。羣聚關前。以待報驗出口。據稅務司葛顯禮節次函稱。似可准予進出。職道當與甯波府宗守。營務處杜丞。及洋務委員李圭。

反覆討論。仔細籌商。竊思所以禁阻船隻往來者。一恐與法船交接。知我口內軍情。遞傳消息。一恐交戰之時。商船進出。或致誤傷。轉生枝節。蓋爲愼重防務。杜絕奸先起見。而扇遞聲氣隔斷。商貨不通。民之生機將絕。受困亦實不少。今寶順一船。尚未沈下。原期將來開通。較易。而華船之小者。於口門尚可往來。中外商民。日望准行。其情甚急。日來商漁小艇。或有進出。尤難一律禁止。若必開礮轟擊。以警懼之。於心固有未安。且恐驅貧窮失業之漁戶船戶。爲敵所用。亦屬非計。美領事前稱願令商輪不與法船稍通言語。今權衡輕重。似可略與變通。現經商定如有華船問及。令杜丞勸以勿走。有願走者。亦不甚禁阻。并與言明如遇開仗誤擊。或守候躭誤。皆無可歸怨。至美領事欲以江表至虎蹲山外搭卸客貨一節。如不再來諳請。則我固可勿提。倘竟援華船之例再來饒舌。則告以交仗之際。礮彈誤傷。與我中國無干。夜間仍不能行船。亦不得與法船交接。如願遵議。姑予准行。一面令杜丞通知礮臺兵輪。夜間加意嚴防。無論何船駛來。仍即開礮轟擊。勿稍懈忽。如此辦法。似於防務商務。皆無妨礙。既可挹注餉源。亦顧商民生計。更無慮洋人之藉口矣。職道與宗守等籌議。意見相同。稅務司葛顯禮亦甚以爲然，謹將鎮口往來船隻，略示變通辦理緣由，肅稟具陳，是否有當，仰祈　察核，訓示遵行，　恭請　崇安，伏惟　垂鑒，職道福成謹稟，

光緒十一年二月初四日

北洋大臣批，據稟鎮海往來船隻，略示變通辦法，以免商民失業，所籌甚是，現在中法定議停戰，和局將成，惟條款未定之先，仍應嚴加防備，如夜閉口門以外，無論商輪民船，不令行走，方足以昭慎重，此繳，

稟南北洋大臣督撫院　爲在上海禁阻法船領港人給酬銀兩由

宮保中堂大人閣下。敬稟者。竊查法船兩次攻犯鎭海。經我軍奮勇轟擊。該船受傷卻退。連日惟於洋面游弋。去來無定。時對小港開放數礮。別無舉動。此次雖由各軍戒備謹嚴。亦賴金雞招寶兩山扼險。虎蹲山兀峙其前。敵人未諳沙線。是以未敢輕犯口門。職道日前訪聞有英美德國之人。經法船僱爲嚮導。當經照會領事。請其電致駐滬總領事。設法撤回。旋據照覆。或稱查無其事。或稱自甘脫籍。不能禁止等語。竊思敵人遠來。海口情形未悉。必須僱募領港。則禁阻領港之人。實爲第一要著。初聞法人在滬。以重資購覓引水。即經電請江海關邵道。設法禁阻。嗣據電復。探得孤拔以按月洋銀八百圓。商僱精於浙洋之英德兩人。遇難許給卹銀三萬兩。已派員勸止。據云訂留兩人。須總酬兩千金。願立保永不助敵。當經電陳撫憲憲台。諭示照辦。并又電致邵道。查明英人名郝爾。德人名貝倫。均係領有執照。曾充甬江引水十餘年。滬關稅司盛稱其聲望。兩人謂熟悉浙洋而有執照者僅四人。其二經職道於去秋僱定。月需經費洋銀三百圓。稟准照給。其餘即此二人。已由西國律師溫來德經手。訂立合同畫押。酬銀二千兩。加律師勞金四十兩由邵道墊給今將洋文合同二紙并抄譯原文及委員商訂情形錄摺函覆前來已稟請撫憲轉飭撥欵歸墊應請憲台轉飭甯藩局撥欵解交歸墊現閒孤拔與巴德諾脫立意欲奪避入鎮口之三輪苦心竭力招覓引水苦無好手其次者索價至五六萬金迄無成議果能杜絕引水之受僱則無異去敵之耳目雖有堅船利礮其伎倆亦稍窮矣肅此稟陳并將合同原文商訂情形英美各領事往來照會錄呈 憲鑒仰祈 察核示遵除稟 北南洋大臣暨撫督憲外恭請 崇安職道禰成謹稟

謹錄呈往來照會函件淸摺一扣合同原文商訂

情形清摺一扣.

光緒十一年二月十一日

督院批.所辦甚好.去年法船初來閩口.即由滬僱得帶水一八階之屬也.據請撥款歸墊.仰候撫部院核示遵行.並候南北洋大臣批示.繳.清摺存.

稟撫院劉　陳明鎮海撤防後宜添築堅臺前購巨礮由

大人閣下，敬稟者。竊惟防海之要，首在建築礮臺，購置大礮，可以扼據形勢，四面轟擊，使敵人不敢近岸，然後輔之以兵輪，阻之以巨椿，護之以水陸勁旅，則雖大敵當前，而不爲所撼。查鎮海南北兩岸大小礮臺共十餘處，洋土各礮共七十餘尊，布置已極周密，然礮力皆難及遠，大抵專備擊近口之敵船所用，而無可攻十里外者。惟招寶山威遠礮臺係　升任撫憲楊　於光緒二年相度建造，規模較鉅，計用經費銀三萬八千兩，臺內購存德國博洪廠後膛螺絲鋼礮一尊，彈重二百四十磅彈路及八里可以洞穿鐵甲其次則僅有英國瓦瓦斯前膛鋼礮一尊彈重八十磅以禦鐵甲力已嫌其小矣職道去年屢至鎮海察勘防務一切皆確有可恃惟以大礮無多用爲隱慮此次法船犯口幸賴 憲台先機籌布措注精嚴 提軍門亦老於軍事從容應敵佐以同知杜冠英都司吳𣶏等之講求有素臨事輯睦遂能力挫兇鋒守禦完固而浙東士民亦頗追思 升任楊撫憲十年前創造之功相與感頌不置然使南岸有堅鉅礮臺更得大礮數尊則摧敵之功或當不止如此竊查天津大沽北塘礮臺備擊鐵艦之礮不下數十尊

所以建威銷萌。使狂寇趑趄而不敢進。若得力之礮。僅有一尊。聲勢固覺稍單。幸而一發卽中。敵船受傷旋退。又得開琛瑞三船合力抵禦。遂成卻敵之功。固非事前所能豫必也。刻下和局可成。法船將退。人未忘戰。將士於閱歷之餘。方將互證必得。似宜乘此機會。考校利病。相機建置。務使全浙門戶。永臻穩固。大凡籌防募勇等事。皆事畢卽散。不過備一時之用。惟築臺購礮。最爲切實。經久。有一分工力。必有一分明效。可以垂諸久遠。使後來受無窮之益。　職道詳察形勢。鎮海口外。卽古之蛟門。夙稱天險。招寶金雞兩山。雄踞南北岸。口門外數里。

則虎蹲山游山兀峙於前復有潮汐消漲之異勢險礁暗沙之分布故洋人每論南北洋各口亦稱鎮海爲天然形勝惟北岸威遠礮臺尚須增添大礮南岸自金雞山以南至小港口笠山等處沿海數十里一望平沙海面深闊從前鄭成功英吉利攻浙皆從此登岸小港口鎮遠礮臺去歲　提軍門以其地勢孤危遂將礮位九尊遷入烏龍岡沙蟹嶺兩處今春於空臺四旁多埋地雷備敵登岸與之鏖戰艮以臺身較小難當敵礮不得已而出此也法船在游山金塘之間幾及三月論者謂小港若有堅實礮臺及能洞穿鐵甲之大礮數尊注定

轟擊可驅法船出數十里外彼旣無地駐泊其勢自難持久職道管見俟法船退後似宜於招寶山威遠礮臺添置大礮兩三尊於小港口之笠山建造大礮臺一座購置大礮三四尊豫備專攻鐵甲不惜工費期於精整如此則大臺爲小臺之障而小臺亦收夾擊之功邊礮與主礮相依而邊礮亦獲近攻之益南北兩路互相應援聲威雄壯無隙可乘矣前奉　鈞檄飭職道督同寧波府籌辦海防捐輸節經陳守邀集郡紳勸認捐款各紳初以庚辰俄警書捐洋銀六萬圓原議籌辦本地防務後稍撥歸他用未孚衆志且近年商務蕭索不無爲

難之意幸賴陳守條理精詳聯絡得法盡心勸勉漸有端倪職道每晤二三巨紳亦微動以如集款稍多可議建臺添礮爲甬防策萬全之意各紳聞之頗覺欣然現據陳守稱寗郡五縣與定海一廳擬勸捐洋銀二十二萬五千圓而絲茶洋藥鹽店錢當舖牙帖等捐尚不在內合之似可得洋銀三四十萬圓之譜若能收繳齊全其成數尚有可觀夫辦捐本爲海防而籌防宜計長久可否仰求　憲台專案　奏明准於寗屬各捐項下統提三成留作海口築臺購礮經費屆時如有不敷再爲另籌所提之款於收捐之際按成核扣儲存寗釐局並

飭下省局。日後不得將此項移作防餉。地方官雖有緊要公事。更不得稟請挪用。郡紳知 憲台綢繆未雨。永庇浙民之意。必且踴躍書捐。不致如前次之延宕歲月。措繳不齊。是一舉而防務捐務兩有裨益也。杜丞吳都司於鎮海各礮臺。始終其事。均已確著成效。以後建築礮臺工程。似應仍歸杜丞一手經理。管守礮臺諸務。仍責成吳都司一人。杜丞樸練耐苦。事必躬親。吳都司血誠奮勇。勤於操演。均能不負委任。 職道仍當會商提軍門。隨時督率查核。不敢瞻狥諉卸。至防海新論。凡築礮臺之法。皆宜低宜暗藏。而近來德國最新之式。專因高山爲基．不用礮門．可以四面轟擊．不用太平蓋．可免壓重塌陷．礮制亦比前更精．敵礮旣難仰攻．雖顯露而無害．旅順黃金山礮臺．大抵仿之．茲事本非倉猝可就．捐款亦非一時可齊．極宜從容商搉．詳究地形沙線礮路自然之勢．購求式樣．繪具圖說．博訪衆論．詢謀僉同．然後可以定局．抑或求　憲台巡閱浙東之便．相度機宜．集思廣益．勘定基址．及一切規制．更昭妥協．又查洋礮以克鹿卜爲最精．近則阿姆斯脫郎．功用幾與相埒．而博洪瓦瓦斯等礮稍次之．惟礮彈及放礮之法．各有不同．須指名專購一種．以便礮手易於演習．緩急可

以移調卽局製子彈。亦易昭畫一。應請　鈞裁臨時酌
定。現值各國環伺。時艱孔棘。中外交涉旣繁。卽爭端未
能盡弭。卽以近事而論。如津案。滇案。球案。俄案。臺灣生
番之案。越南之案。朝鮮之案。無一兩年不申警海防者。
今法約雖定。而隱患方長。倘蒙　憲台懲前毖後。規畫
全局。經營武備。保障巖疆。則　功德之留貽。永垂於勿
替矣。職道忝任備兵。職當防海。一得之慮。不敢不盡其
愚。伏祈　俯賜裁擇。專肅瀝稟。恭叩　崇安。統惟　垂
鑒。職道鼐成謹稟。
光緒十一年四月十三日

院批據稟此次撤防後鎮口宜添修堅臺並購巨礮等情所見甚是本部院忝撫此邦既經歷此番戰事亦欲為浙防圖久長之策通計須添購三百磅以上長彈鋼礮一樣十尊以三尊益招寶兩尊益金雞兩尊益小港三尊益定海騰出招寶金雞八十磅四十磅礮分移溫乍兩防其小港礮臺並宜設法相地堅築以顧口門南路惟現在餉需竭蹶去年京餉所欠尚鉅今年藩運兩庫京餉尚未報解絲毫本省月餉現已難支將來遣撤補給欠餉需款尤鉅鎮口應辦事宜目前無力兼顧惟據稱寧郡捐輸可集至洋銀

三四十萬如果能於釐捐之外湊捐此數應准如來
稟以七成提充軍餉其餘三成准留甯郡爲購礮建
臺之用如有不敷再行陸續籌撥總期辦理妥善爲
止捐款收齊立即購礮動工決無挪移別用之慮應
由該道府曉諭甯紳努力輸將無稍觀望延誤至西
洋礮臺新式日出臺仿何式礮購何種屆時該道可
博訪周諮督同杜丞妥爲製購以收實效抑本部院
更有說焉臺以堅爲貴礮以巨爲貴若守臺之人無
必死之心則有臺與無臺同放礮之人無命中之技
則有礮與無礮同遽謂一臺一礮實操卻敵之券未

免言之太易。總之戰陣之事。全在將領得人。平時訓練。臨時堅忍。佐以堅臺巨礮。戰守稍有幾分把握。然兵凶戰危。敵情萬變。若據今日已然之陳迹。謂可必操他日之勝算。尚非眞知兵者也。嘉該道留心防務。將來會有獨當一面之時。故不憚爲之進一解焉。仰卽遵照。切切。此繳。

稟撫院劉　勘定鎮海口門築臺添礮事宜由

大人閣下．敬稟者．竊　職道　接奉　鈞札．內開前據該道建議辦理鎮海善後事宜．現在礮已購定．所有築臺．自應豫為布置．以免礮到無所安置．合亟札飭．札到該道卽便查照．督飭杜守周諮博訪．妥籌辦理．務須堅益求堅．精益求精．仍將遵辦緣由．先行稟復察奪毋違等因．又准防軍支應局移開．職道　前轉杜守稟鎮海礮臺及元凱超武兩輪應用礮位．並購礮水腳等請示緣由奉憲批查元凱等船安設礮位．應由該道酌辦．仰防軍支應局將省城所購克虜卜礮合同廠單照抄一分．移知查照等因奉此。當經陸續札行營務處杜守妥籌遵辦。職道意計所及。復與杜守往返函商。務求衷於至當。

職道於本月十二日馳赴鎮海。會同統領親兵小隊等營錢提督玉興及杜守冠英等。徧歷招寶山小金雞山安遠礮臺。暨小港口之笠山臺等處。周覽形勢。商度機宜。意見大致相同。當屬杜守先將擬議辦法。詳細敘明。以備轉稟。十三日傍晚回抵郡城。旋據杜守稟明大略情形。請以購礮築臺添礮三項爲次第。分作三次置辦。庶籌經費有著。不致工廢半途等語。職道查核省局移到合同廠單。現已由上海地亞士洋行。訂購二十一生的邁當八寸徑口十三噸半重克鹿卜新式後膛鋼礮五尊二十四生的邁當十寸徑口二十噸零七五重克鹿卜新式後膛鋼礮二尊則此時宜先就此項大礮豫籌築臺布置之法以免臨時不及措手其餘應辦事宜量其緩急逐漸經營人力財力不致竭蹶則雖勿求速效而必可有成茲就杜守所擬斟酌緩急釐定先後次第分爲首要次要又次要三端伏候 憲台察覈批示遵行查鎭海口門形勢右金雞左招寶而金雞山前麓海中有石磯一座名曰小金雞山與招寶山下安遠礮臺旁之石磯相對江面最狹去歲椿船水雷即設其前

現擬於二石磯之上安置二十一生的克鹿卜鋼礮各一尊其礮洞須開前後礮門礮牀或用兩頭干觔柱鐵路六條如輪船礮架式樣或用當中干觔柱下安旋轉鐵路如小港臺舊置四十磅克鹿卜礮牀式樣以便攻前擊後防敵船於和戰未定之先混駛入口開戰時反從內攻出我礮外向不能回擊如去歲馬江覆轍此亦事機之切要者招寶山爲鎮海縣城屏蔽右江左海從前建築威遠礮臺兼顧前左右三面惜僅置二百磅子博洪礮一尊餘皆光膛生鐵礮不能及遠雖正月十五十七日兩戰憑仗

國威、連燬敵船、究嫌礮位太單、不無僥倖、現擬於下層靠北山脚、添置二十一生的克鹿卜鋼礮兩尊、該處地勢過低、必須用石甃砌、倘嫌稍窄、即將下層小礮洞拆去一間、便可敷用、其上層原有二百磅礮一尊、前因兼顧三面、故礮門寬一丈一尺、今既添置兩礮、則此一門宜加鑲鐵板、門框改小一半、營房礮洞三合土亦宜加高、以臻完密、又小港口爲南岸最易登陸之區、舊建鎮遠礮臺、僅用經費銀六千數百兩、且無大礮、本年敵船停泊游山、距該臺不及四里、未使受創、既屬可惜、被其攻逼、亦復可危、該臺東北半里之笠山頂、有前明禦倭小礮臺舊址。惟太嫌窄狹。擬稍鑿之使平展之使寬。築一堅實闊整之大礮臺。以二十四生的克鹿卜鋼礮二尊。二十一生的克鹿卜鋼礮一尊。安置其上。礮臺前面鐵板須二尺厚。硬木須四尺厚。營房用三合土。如礮臺式。其由小港口至金雞山。地形散漫。請照杜守前議。於北面濱海一帶。飭令營勇堆築寬六丈高三丈土隄一道。南面臨河一帶。堆築寬三丈高一丈六尺土隄一道。如此則南岸四周無隙。鞏如磐石。敵既不能登岸偷襲。而守臺弁兵更資膽壯。至笠山礮臺前面之隄。尤須格外加工。隄內再趣土牆一道。務使臺身隱於隄牆之內。

不過稍露臺頂即置礮之所。亦不妨受隄遮蔽。稍令與
隄而相準。蓋放礮時本須稍仰。則礮子仍可越隄而出。
敵船在海面。形勢稍低。仰而攻臺。既爲隄牆所隔。斷難
命中。臺之四旁空隙處或多堆土阜。作爲疑臺。以亂敵
之耳目。長隄上不當出礮之處。間栽竹柳。以蔽敵之瞭
望。敵若欲轟擊全臺。必先以礮力攻去大隄。而所耗藥
彈。則已不貲。且隄亦豈能遽去。竊觀笠山地勢。較之招
寶山尤爲扼要當衝。此處既置大礮。則外而蛟門金塘
洋面。內而游山虎蹲招寶。皆可兼顧。使敵船不敢近泊
口門。所慮迫臨前敵。稍覺孤危。敵若以精艦巨礮。萃攻

我臺易遭摧毀去歲　提軍門撤徙鎮遠臺中礮位僅留空臺蓋亦不得已之舉今與杜守等商得以隄護臺以礮護隄之法且別搆堅臺備鉅礮是可收設險應敵之利而無淺露受攻之弊以上所擬先將已訂大礮七尊安置妥帖而大局似形穩固將來一有海警當以笠山大礮臺爲第一重門戶而招寶山居第二重小金雞安遠兩礮臺尤在後路扼守口門輔以椿船助以水雷更無罅漏可入蓋數處礮臺分之則自爲戰守合之仍連環呼應此首要工程也招寶山雖有大礮三尊必有中礮以資夾輔乃能使敵應接不暇舊置生鐵礮四尊

彈路遠僅三里。瓦瓦斯後膛四十磅礮二尊。亦嫌過小。應請購換一百二十磅克鹿卜鋼礮六尊。分布稍周。則捍禦得勁。小港口雖造笠山大臺。其鎮遠舊臺宜加鑲木框。及八寸厚鐵板鐵門。並請添購八十磅克鹿卜鋼礮五尊。分置臺上。以作笠山護衛。並可彌縫大臺之闕。此次要工程也。杜守又稱笠山築臺。兼顧三面。形勢與招寶山相似。而水勢不同。蓋招寶之前。虎蹲以北。淺沙礁石相間。惟中泓深處可容輪船。即虎蹲南面亦祇容一船直駛。鐵甲船身笨重。難近礮臺。今笠山外洋面遼闊。八寸厚鐵甲可以環集來攻。查八寸厚鐵甲。能載六百磅子大礮。我不可無以應之。似應添購三十生的克鹿卜大礮一尊。以備抵禦。此說所慮亦遠。倘限於經費。驟難舉行。似宜於築臺時豫籌基址。稍有餘力。即便購辦。又杜守前稟超武元凱兩輪應備之礮。所籌亦尙切實。惟小金雞安遠兩臺。實足抵兩大兵輪之用。若礮臺兵輪。同時並舉。又恐力有不及。自應先儘口門。盡力營度。其兩輪暫用舊有之礮。一俟餉力稍紓。續爲經理。此又次要工程也。綜此三端。約計新造笠山小金雞安遠礮臺。及修築招寶小港等處舊臺。需費銀二十萬兩左右。添置招寶山一百二十磅克鹿卜礮六尊。約銀五萬

兩添置小港门八十磅克鹿卜礮五尊約銀三萬數千
兩添置笠山大臺三十生的克鹿卜礮一尊及元凱超
武購二百磅子克鹿卜礮三尊哈乞克司五管格林礮
十六尊約需銀十三四萬兩總其約用銀四十五萬兩
似可蕆此工矣論防務則此皆關緊要論籌費則不能
不分先後擬請　憲台專案　奏明指撥的款分年辦
理庶無躐等而進之嫌亦免闕費中輟之慮惟是外洋
築臺之式皆視礮式以爲衡臺之遠近高低與礮之輕
重大小莫不比較測量故用之不爽尺寸應請　札飭
防軍支應局速約地亞士洋行派人赴鎮海與杜守面

議礮狀式樣，免致後來枘鑿不靈。計時似難再緩，克鹿卜礮七尊，明年冬閒即可到滬。所有起礮碼頭、礮臺地基，均須於明春飭勇興築，繩索機具，亦須豫備。應派何營築臺，何營挑隄，亦須及早派定。至南北洋建築礮臺，現皆加意講求，杜守擬於明春乘坐元凱輪船，親往各口一觀，庶可攷校以臻盡善。如蒙　核准，似應仿照江南築臺章程，工料由防軍支應局遴派樸實廉幹之員承辦，其每臺應需若干，仍由杜守會同詳細估計，稟候
示遵。一切督築事宜，均歸杜守經理，庶責成專而浮言亦少。茲據杜守所稟，詳加斟酌，復與統領親兵小隊

等營錢提督籌商梗概所見均無不協用特覼縷陳之
謹候 核奪施行並求 鈞座於開歲閱兵之便赴鎮
履勘指示機宜俾有遵循更昭周妥除小金雞安遠礮
臺情形已由杜守道稟外肅泐寸稟恭敂 鈞安伏惟
垂鑒 職道福成謹稟
光緒十一年十月二十八日

再稟撫院劉 夾單

敬再稟者。職道前以本關稅務司葛顯禮留心時事。於外洋防守海口事宜素能講求。曾經函詢梗概。屬其代爲攷究。茲據葛稅務司送到駐倫敦稅務司金登幹及阿姆斯脫郎廠主兩函。並新創大礮所用藏形礮架說略一本。其大旨謂與其將礮位多尊安置一臺。莫若多設礮坑置礮禦敵。既省造臺之費。而又以暗擊明。俾敵礮無從擊我。洵爲守口良法。昨以此說函商杜守。旋據復稱阿姆斯脫郎藏形礮口徑八寸者。擬請添購三尊。一安饅頭山。一安金雞山。一安招寶山。挖坎藏置。旋轉轟擊既可分敵船之勢亦得收輔助之功等語職道查守口以礮臺爲主然防敵艦之聚攻總宜散而不宜合宜隱而不宜顯既省造臺之費卽可隨處分置使敵應接不暇饅頭山與笠山相連其峰較大在此掘坎置礮敵所不覺可與大臺收夾擊之效而大臺亦資其護衛將來裨益無窮一俟築臺有緒似卽應綢繆及此此亦當在次要工程之列如蒙 核定購辦容再函詢價值倘該廠有人來甯卽令前赴省垣與軍裝局商訂合同以便與前購之礮辦法歸於畫一又據杜守稟稱甯局舊存石子礮藥本年辦防甚賴其用就現添大礮七尊

而論石子礮藥一項必須常備十萬磅七星餅藥亦宜添購十萬磅此外門火爲最要之需其種有二一種橫拉銅炸火一種直拉卷紙銅絲火去年託楊統領由天津取到數千枝又向省局領到數千枝并取上海金陵所造者分別試驗大約中國所造上等者過火十之八九其次僅五六成可用非火性上穿即火力不到只可備作操練之用惟外洋所造枝枝應手春間開仗係將外洋拉火分給應用應請及早向洋行購辦以資備用等情前來竊思火藥門火與臺礮相輔並重不宜缺少是否應如杜守所請飭局籌辦伏候　訓示遵行再敂

鈞安。薛福成謹又禀。

光緒十一年十月二十八日

詳督撫院法國商民教士暫令不准進口辦理情形由

爲詳復報事本年十月二十九日奉憲台督憲楊札開據福
建通商局司道稟稱竊准俄國書領事照會敝署領事
現聞寗道照會寗波口稅務司不准法國傳教神父神
女再入寗境居住傳教查法教士皆係安分謹守教規
敝署領事因有代爲保護之責且恭讀
上諭亦有一體保護字樣照會查照希將寗紹台道照
會不准法國傳教神父神女入境居住傳教情形煩爲
稟請札飭寗紹台道仍准該傳教男女入境居住安分
傳教等由查此案業奉　前憲台何　咨行浙省在案

據稱前情。是否屬實。無從懸揣。或因該處民教。一時實不能相安。地方官求保全之道。是以暫令該傳教男女毋庸入境。亦未可知。惟保護法國安分商民。前曾欽奉
諭旨。理合據情稟請察核。俯賜咨會浙撫部院。並行甯紹台道轉飭地方官查明妥辦等情。到本部堂。據此查此案前接俄國書領事照會。請飭甯波道府。務將法國在彼傳教神父神女協同保護等由。當經　何前部堂查案檄行甯波道府。移行遵照在案。茲據前情。合亟札飭。札到該道。立卽督同甯波府轉飭地方官查明妥辦。尅日詳復。毋違等因。奉此。伏查甯郡地屬海疆。當閩江

開戰之時警報疊至民心惶惑愚悍喜事之輩羣相鼓煽遂有拆毀教堂之謠府縣聞信稟商萬分焦灼職道與兼理法事之英國領事固威林往返熟籌遂令法教士暫移江北岸聚居蓋甯郡城外之江北岸爲通商碼頭各國領事所居有巡捕及練軍駐紮足資彈壓庶免彼此生事實係保護之善法即固領事來函亦稱爲情理兼至是以稟明浙撫憲憲台批准照辦而法國駐甯主教趙保祿頗疑地方官有藉辭驅逐之意屢次投函語多挾制嗣以固領事再三開導謂俟海防事竣和議有成即可各歸原處且教堂屋宇均有兵役爲之守護可

無過慮又值溫州教堂事起趙保祿似亦以職道之言可信遂并定海教士分別遷徙刻下民教均屬相安查詢各屬並無教士受人欺陵之事至法人不准進口實因防務吃緊屢奉撫憲憲台檄飭預防法人冒混進口則稽查禁阻不得不嚴前據洋務委員李圭議禀即經會商甯關稅務司轉飭扦手協同巡捕查詢商民各船如遇法國人但准出口不准進口蓋因法人狡橫無信不守公法設令冒稱教士入口之後猝然一發勢所難防不得不略示限制然法國傳教神父神女之住江北岸者現皆安居樂業職道復添派衛安勇五十名駐紮保

衛所以綏輯教士者實已不遺餘力惟現當海防戒嚴稽查仍不敢疏忽所有出外入口之法人即使自稱教士究亦無從查攷難保非狡寇混迹其閒似不如阻之於口外之爲妥協也抑職道更有密陳者伏讀七月初六日

上諭法國教民願留內地安分守業者亦一律保衛倘有干與軍事一經察出即照公例懲治等因欽此煌煌

天語仁至義盡蓋所以禁無知之徒不使藉端生事亦即所以勸勵謹之教士不至激而爲變也惟是

聖恩雖示寬大而各處情形不同仍須由地方官相其

緩急輕重。隨時措置。若愚民意在滋事。固當禁其囂張。倘教士桀黠不馴。亦當稍示裁抑。卽如秋初。甯郡衆議洶洶。頗欲與教堂爲難。經 職道 督率府縣。妥爲勸導。遂得無事。而法主教趙保祿。終以遷居而未釋於懷。動引

七月初六日

諭旨以爲要挾之地。復隱示若不遂其意。卽當呼召法船到甬。以爲恫喝之資。 職道 不爲所動。明告以能受地方官約束。乃爲安分守業。始得在保護之列。否則須照干與軍事例懲辦。趙保祿知不可撼。遂亦默然無言。而郡民信地方官之無所偏倚。所以尙能帖然。是持平正

卽保護之法然法教士雖稱講守教規究與法人氣息相通且其意亦何所底止始則求聽其出入自如繼且欲任其兵船往來而始快趙保祿詭計百出或因不能逞志於甯郡冀借俄領事之言以肆其嘗試此仍須據理審勢而拒之者也前奉　前憲台督憲札行前因又經申明保護之意通飭各屬一體剴切示諭隨時查察禁民滋事在案奉札前因除札飭甯波府轉飭查明妥辦並容　職道隨時督同稽察外合將辦理大概情形具文詳覆仰祈　憲台察核除詳　撫督憲外為此備由呈乞照詳施行須至册者

光緒十年十一月初三日

法釁既開是年七月初六日　諭旨保護法國安分守業之教民蓋所以靖戢民浮動之氣不使藉端生事卽所以釋教民疑畏之心不使激而爲變也此等措注仁至義盡隱禆全局實非淺鮮然桀黠之教士藉爲要挾之資勢固難免此在守土之官所以應付之者剛柔緩急最難得訣過於剛則必致民教相攻外敵方張而內變先作矣過於柔則彼族之心本無底止始則求聽其出入自如繼且隱與法船通聲息矣馬江覆轍豈堪再見竊觀甲申之役各口所以

處置敎士或剛或柔似未能盡愜人意惟浙東所以待敎士者不惡而嚴敎士之設法以撼之亦復不遺餘力乃其勁氣內斂識力堅定頗具百折不回之概所以能不動聲色使敎士敎民氣讋心服弭變無形可云毫髮無遺憾矣此其權衡曲當不僅閱歷有得良由學問中來 蕭穆識

浙東籌防錄卷二

書牘

上劉中丞書

敬稟者接奉　賜函謹聆壹是福成於六月二十二日馳赴鎮海閱視釘樁工程據杜丞面稱購運木料出山甚費周折又値連日風潮甚大難以動手甫於是日開工又據云若十日無大風雨中泓釘下數百枝一切較有把握水雷缺少之件已託釐局赴滬購買電氣箱七隻不敷應用亦函請省局速解三隻等語福成回郡後卽電稟釘樁堵口情形旋接　鈞電隨已錄告杜丞并

手書獎勉催令迅速蕆工.茲因關係防務緊要各事端緒較繁.請爲　鈞座縷晰陳之.

一前電所稱水雷代沈船一節.係是釘椿工竣後辦法.今則因機器不多.人手不齊.又值風雨.椿難速釘.杜丞等連日封石版等船.以備釘椿之不及.然該船所索租價甚昂.輿情亦多不順.甯紳聞將封口.更爲著急.宗守言其恐銀米來源一斷.內變先作.防海新論亦稱封口利弊相半.近日閩省封口較早.致船難出入.不無餘悔.福成原禀謂非到萬分緊急不遽堵塞者.即是此意.且船石沈之甚易.起之較難.英美領事屢以爲言.恐水道

從此變壞雖臨警時一切不顧但慮前敵當慌忙之際或受一虛驚而倉猝沈船或敵艦偶過而匆遽塞石則先自坐困悔不可追昨在鎮海親自燃放水雷一枚應手即發聲勢震盪若以十餘具排列口門二十丈中據杜丞稱敵船不能飛越倘慮毀一二船後敵船在後者仍可衝進則以水雷一疊二疊三疊四疊置於口門雖需雷較多而工價比沈船猶省十倍竊料敵船如毀一二其在後者必疑畏而不敢進矣因 提台頗形焦急故爲商一靈捷之法今仍一面趕催釘樁一面研攷得失俟 憲函到時再行詳覆

一釘椿經費原稟需洋銀七千數百圓前接　提台來書以椿工未能速成爲慮頗致疑於撥款之不應手宗守亦言須豫購木料逐漸搬運不得不札局陸續發洋銀四千圓仍面囑杜丞撙節動用

一甯郡裁減各用款現奉　鈞批准歸併衞安營節省項下支銷亟應遵辦惟他項皆可歸併其江北岸巡捕經費一款爲數較鉅實屬不敷此間洋務有勝於他埠者惟江北岸巡捕房歸道管理事權畫一最裨大局卽如上海洋埸捕務歸洋人自辦儼如異域仍歲收捐數甚鉅并聞江海關道歲貼籌防費錢二萬餘串前者各

領事有文到道。其意未嘗不思仍攬捕務。仿上海收捐之例。今若因經費稍絀。漸致公務竭蹶。則彼族藉口。更爲有因。所以不揣冒昧。爲再三之瀆。已另具詳文。稍陳梗概。至衢安營經費之實數。久在　憲台洞鑒之中。惟外間不知底蘊。即省局亦不能無疑義。福成到任伊始。無所庸其迴護。今另詳已據實直陳。請嗣後將節省一項。存在甯郡釐捐總局。道署但司核發。不司收支。庶免瓜田李下之嫌。如蒙將巡捕費一項。俯賜批准。大局幸甚。

一福成未到甬時。頗疑衢安勇人數既寡。但能稍資巡防。未必可備戰守。私衷默揣。亦謂可裁。迨接篆後。察訪輿論。接見哨長。閱視大操。見其步伐整齊。於洋陣洋槍洋礮皆極嫻熟。向無一名虛額。而人人不乏樸勇之氣。蓋此係常勝軍汰存之餘。固多精鋭。其初創營時即以洋法部勒。至今未染習氣。洋人談及。頗不輕視。馬前道亦稱美使在此看操。甚加獎許。謂可與外洋之兵相埒。此等營勇。若人數稍多。臨事似可得力。今值多事之秋。各處紛紛請勇保護。原數百五十人。除分撥保衛關庫及巡防六門外。復因江北岸連日驚擾。派勇五十名巡駐彈壓。遂覺肅然。洋人亦深感悦。近聞法事日棘。和局

難成終恐營勇不敷分布擬請添募新勇百五十名趕與舊勇會合訓練如遇緊急可備一戰俟事平後當速將新勇遣撤以節經費

一法人如果決裂浙洋之最可慮者莫如定海英美領事皆言甯波一口法人未必覬覦然於定海則難保無意或因定海而波及甯鎮亦事之未可知者 福成因詢英領事以保護定海之約據云知之但於該國果否派船來定則不提及洋務委員李圭曾於閒談中聞英領事云既有此約本國自必照辦美領事亦云果有此約想英使必已向法使提過自可輟其妄想竊謂英人不

必實有兵船來泊定海但使法人聞知此約彼恐多樹一敵必不鹵莽是一紙舊約賢於數營勁旅矣倘擬隨時隨事旁敲側擊設法令其就範總期不觸不背稗益防務亦不致有流弊

一法人之傳教者散布各口最爲隱患客歲越南之禍由傳教人勾結教民大肆其毒甯郡城內向有教堂六七處合英法大小男女不及百人俱歸英領事管理較之他口倘不爲夥然一遇有事儘足爲患 **福成**商之英領事告以事急時恐華民遷怒教堂玉石俱焚不如遷往江北岸較易保護領事允俟接到照會即將傳教人

盡數遷往。若能酌駐兵勇於此。名爲保護。實則拘禁。今雖已派衞安勇五十名。聲勢稍單。尙未足隱示彈壓。而戢該敎族奸宄之心。查衢處練軍千人。　提台初議以一營紮育王嶺。專顧南路。以一營紮江北岸之白沙。專顧北路。兼護商局。嗣經宗守與錢統領議以一營分紮育王嶺及牆下潭一營駐城牆上。白沙則不復紮營。查此議大致尙無不妥。惟城外已有大敎場兩營。屹然可恃。其城牆上一營。似不妨分一二百人駐江北岸。以保護之名。寓彈壓之實。且與大敎場及城牆均相距咫尺。一切呼應靈通。如蒙　鈞飭錢統領酌辦。則防務洋務。

兩受其益矣。
以上各端。偶有所見。拉雜陳之。諸候
訓示遵行。不勝
翹禱。肅此恭請
鈞安。薛福成謹上。光緒十年六月二
十六日

上劉中丞書

敬稟者前奉六月二十八日排遞　賜書備聆　訓誨指示周詳曷勝銘感馬江開仗沈燬兵輪七隻閩船幾已蕩盡可爲惋惜釁端既開未知如何了局浙防以定海爲最要昨已密稟詳陳顛末此間急務莫如釘椿亦已電稟大略茲再將近辦各事具陳如左

一釘椿凡遇大風大雨潮漲潮退皆不能動手故工程頗覺遲滯杜丞派人赴滬添購椿架兩副頭關購買不易如日內能到當較妥速仍請　特札催令速成緣杜丞承辦之事較多必得　憲台再三督促則杜丞既可

專力於斯且指揮亦較靈耳

一口門水雷杜丞已先下十六枚尚留十九枚今屬令臨警再下免被潮水衝移其留郡十枚宗守云擬移往鎮海至電線一項昨據陳守稱已電致滬上訂購三英里左右聞需價五百餘兩

一前稟暗僱引水洋人二名每月給費洋銀三百圓又師密士不受法人之僱紀署稅司議另給洋銀二百五十圓接奉　憲批俟事平後移支應局領款歸墊今已屆期一月暫札釐局發給洋銀五百五十圓仍一面移支應總局惟議辦此事之始謾謂利局有成未必遽至

決裂故所費以月計之尚不甚多今法爵既開未知所屈若終歲常僱費頗不菲然使遽將該引水二名辭去又恐其爲法人所僱或且隱招法人至此未免惜小費而誤大計思維再四似以常僱爲較妥至師密士另加之洋銀二百五十圓僅以一月爲度將來可以截止

一衢標練軍已陸續到齊分紮城牆得錢鎮玉興統領精心訓練數月之後可期得力其江北岸現議分駐一哨與大校場亦呼應甚近至法國之天主教堂教士昨由道照會英領事請其盡徙往江北岸該領事初甚以爲然頃又因教士等安土重遷暫求免徙據稱俟都中

明文再決行止。惟中法失和。該教士等已不在保護之例。彼亦中情畏怯。容再設法駕馭。俾漸就範。

一南洋經費六月間已撥二萬兩與釐局。搭放軍餉。昨又因定海需餉孔殷。撥銀五千兩。與釐金五千兩。合成萬兩濟之。值萬分支絀之秋。得此一款接濟。深有裨益。惟閏八月間卽已一年。屆期擬再請　奏明展限截留一年。以資周轉。

一衞安勇以洋法部勒。實集常勝軍精銳之餘。兼二十年之教練。始有此步伐技藝。惜其隊太零星。難成片段。值此防務喫緊。如守衞關庫。保護商埠。彈壓教士。已屬不敷分布何暇議及籌防必不得已擬再添募百五十人責成該管帶與原隊百五十人會合訓練其前任移交節省項下之洋銀一千四百餘圓僅敷一月有餘之用嗣後擬即捐廉給餉惟須請撥發前膛槍百五十桿所需子藥一律按期給發如此則衢安勇三百人有事時與諸軍犄角似可抵一二營之用抑 福成更有請者刻下法寇盤旋閩臺洋面若不能得志難保不蹈瑕抵隙顧而之他各省辦防皆另派重臣濟以勁旅協以巨餉惟浙省雖經 藎籌未雨綢繆而限於餉力聲勢稍單倘其來犯既無得力船礮以與之爭勝惟有在陸路

厚集兵力以待之。又未便臨渴掘井。必須豫爲之備。可否由 憲台添畀七百人之餉。俾得練滿千人。查衞安勇向按洋法。無一名虛額。洋槍亦較嫻熟。若精練數月。似可抵二三千人之用。倘以甫經裁減。未便添募。擬請改其名曰安甬軍。此軍若成。可專護郡城。及爲臨警四面策應之師。惟不便聽各處紛紛請撥。畸零分紮。致化有用爲無用。且衞安勇向爲洋人所重。各領事皆指請保護。蓋步伐口令素與相同。今若添練。則洋人皆耳而目之。未始非先聲後實之一助。

以上各條。因事關緊要。不敢不覼縷陳之。肅此虔攸

鈞安。伏惟

垂鑒。薛福成謹上。七月初七日

答英國領事官兼辦法事固威林書

徑復者。先後接奉　兩函。以法教堂趙主教聲稱八口不便遷移。請查照出示。轉爲函商各等因。並據該教士致函前來。本道查中法既經開仗。該教士等理難保護。惟念釁端與彼無干。姑從優待。若城內外散住各處難保無謠言煽惑。致百姓含怒尋仇。地方官斷不能禁。是以函請　貴領事轉令遷往江北岸。安其身家。得與各國商民共獲保護。此係本道格外寬厚之意。倘該教士不願遷移。本道亦不勉強。然斷不能認爲保護。本道既不認保護。將來如有危險之事。彼自不能有後言也。大抵衆怒難犯。聞外洋各國。亦常有不能彈壓百姓之事。兵勇既因法人騷擾海口。全行檄調。此時實不能在內地保護傳教之人。應請　貴領事轉致趙主教。勸令早爲之計。切勿自誤。致負本道一番美意。如能遷往江北岸。團聚一處。且得衛安勇與練兵保護。必可安全。否則恐百姓一時憤怒。不知教士爲善人。并不問將來和議之難復與否。起而與之爲難。或有甚於擊門辱罵之事。本道實不能過問也。病人孤哀幼孩。暫留堂內。亦是一法。然能盡搬尤妙耳。此復。即頌　日祉。

名另具　七月初七日

教士如不願遷移。即不能認爲保護。此係大公至正之理。所以能鈐制彼族。使帖然就我範圍者在此。既遷以後。余復派兵駐江北岸。名爲保護。實寓彈壓拘守之意。又派衛安勇駐城內之教堂。名則代爲看守。實寓稽查伺察之意。次年法艦臨口。教士教民皆恪守約束。無敢萌異志者。事後思之。凡籌辦海防。欲清內間。馭教族。似以此法爲妥。自識

答英國領事官兼辦法事固威林書

啟者昨接　來函旋又接趙主教來書知昨日六點鐘法國男女已盡搬出甚以爲慰惟趙主教謂遷居由本道逼迫則大不然蓋中法開仗和約即作廢紙既不能照約保護則中國百姓之共伸義憤勢所難禁本道不得已而爲兩全之法勸令團聚一處以便保護此乃本道之厚意也頃讀七月初六日

諭旨法國官商教民等願留內地安分守業者一律保護等因蓋從前之保護係與法國互敦睦誼故須以客禮相待今法國友邦之誼既絕則所謂願居內地而安

分者．必其能受地方官之管理．乃能得地方官之保護．此萬國通例也．因　貴領事賢能夙著．明於治體．故本道縱論及之．仍望轉達趙主教爲幸．趙主教以未接本道覆函爲疑．查中法業經開仗．本道不便與法國人通信．此亦中國之通例．倘日後中法議和．當仍以客禮相待．自必有函即答．至前日所發告示．本道遣差往視．已分貼矣．專泐布復．順頌　日祺．

名另具　七月十三日

上劉中丞書

敬稟者，奉七月二十九日　賜函，敬聆壹是。稽查洋船事，大致已議有端倪。此事必須輪船、礮臺與各防營詢謀僉同，方能辦妥。故照會示稿，應候　提台咨復也。定海英約，福成亦非欲必得英助，不過藉以牽制法人。昨爲幕友撰英宜遵約保護舟山說一篇，意在激英而疑法，已與稅務司商譯洋文，寄往英國新聞報館。據稅務司云，英雖未必照辦，暗中定有裨益。教民遷徙一節，經英領事照復遵辦，而教士等尚多不願。前飭定海廳會同成守妥籌辦理，未據稟復。昨英領事又以滬上洋商有申請英國調停中法之說。徵勸暫爲緩辦。蓋欲觀望和局之成。或可免遷也。福成持議仍未鬆勁。容俟稍緩詳陳一切。沉船一事。經宗守杜丞等妥速籌辦。可免貽誤。粵電有法在香港造輪製衣之說。似是法人恫喝故智。與金牌登岸之謠相同。英守局外之例。難准法人造船。今察法人行徑。係專力圖攻臺灣。數月以內。他口倘可無事。否則將有他國出爲轉圜。雖防務不可一日不嚴。而管蠡之測。有不妨豫陳者。敵船不入口。勝添十營精勇。　藎論甚爲明確。大抵中國旣無得力水師。則防務惟以礮臺與堵口及陸營三者相輔並行。堵口如沈船沈石釘樁等事非謂竟能堵住不過敵船遇有攔阻則礮臺可開礮儘擊然彼若以鐵艦大礮輪擊礮臺則船活臺呆往往燬壞彼既燬臺然後駛近口門拔樁去船登岸則惟陸營力戰足以禦之竊謂戰守之把握陸營當得四成礮臺當得四成堵口當得二成此防務之大略也至礮臺之堅脆則視乎建築之得地勢與工料之合洋法與否礮力欲遠則克鹿卜大礮不可不多礮兵宜精則平時之操演不可不密數者既得則礮臺完固而敵船自難入口矣宗守以船裹石待沈之說意在保全水利亦不至匆遽失措儻有可採否肅此虔啟

鈞安。薛福成謹上 八月初七日

附錄甯波府知府宗源瀚稟復撫院封船堵口夾單

敬稟者。竊奉憲札飭封船隻。務取高大能阻敵船者爲堵口之用。等因。當經卑府一面辦船。一面親詣鎮海。會晤在事文武。將沉船措置之方。詳商確審。七月二十八日傍晚。親見高大一船沉下。二十九日清晨始自鎮回甬。此事卑府奉札。若僅封辦船隻。其事易了。乃先委劉令而又親赴海口數日。力謀椿船辦法。不敢推諉草率。僅以封船爲畢事者。謹將區區之忱。爲大人陳之。鎮鄞兩處馬頭船隻頗多。而憲札謂須高大能阻敵船者。爲破的之至論。當月初警報迭至時。杜丞急何能擇。未嘗不先封鎮江船四十隻。又石版船十四隻。而皆不合用。是卽封船一事。亦已不易。況以人力堵塞海山中華從古所未有。言之似易。行之甚難。行之而冀其能阻敵船。爲尤難。道光年間鎮海堵而未成。此次福州未嘗不堵。而夷船來往自如。其效可睹矣。卑府知杜丞辦事苦而且難。是以將頭等次等海船寬深各丈尺查明後。卽親詣海口面商提台統領。並由杜丞邀集在事之水師陳副將鄭都司輪船貝鄧兩管駕暨吳守備。將辦法利病多方討論粵府一無閱歷豈望有禆惟集思廣益略資折衷或較勝於衆論紛紜迄無一定耳海口實寬百餘丈潮大時深將三丈專恃椿固難專恃船亦難水師先議沈船於椿外然百餘丈之海口海船寬祇二丈內外深祇一丈內外卽僅擇七八十丈水面沈船亦須高大船四十隻此等船皆値洋銀數千圓或萬圓杜丞與紳董陳紹唐將船中値錢之槓具等項除盡多寡牽計每隻亦須千圓四十船計需洋銀四萬圓椿外汪洋兩邊無所倚靠萬一遇大風濤船破石坍把握何在自應沈於排椿空處使椿靠船船靠椿而水

師將弁力言現已釘樁二十一叢水勢漸已內高外低釘樁木牌前半已在水中勇皆赤腳涉水若樁叢中再以船鑲緊儼如海口築壩激怒水勢樁與船或且衝動而內江出水不暢且爲民害亦不能不聽其言粵府與杜丞再三商酌船身在外惟將較窄之船頭插入樁叢計樁叢空處寬二丈數尺船頭濶二丈以內或不甚礙水道仍於外間船尾兩邊另用數樁約住與憲台沈於樁外各當排樁空處之扺適相符合現先試沈一船察看數日有無流弊便可漸有把握此議定沈船之地位也至於用船之數現已釘樁

二十一叢。排船空處須船二十隻。椿門左右數處水深。爲輪船向走之路。須用深一丈數尺之頭等船。兩邊水勢略次。船隻亦即以次漸殺。用深一丈內外之船。其椿門原擬寬二十丈。現擬收至十數丈。原擬用寶順輪船橫沉。水師謂向來十餘丈船身。橫阻水道。船底沙泥。必被水衝空而船下陷。非直沉不可。直沉則寶順輪船。亦祇寬二丈數尺。必須另用寬二丈外之頭等船四隻。鑲幫封口。此雖臨時始用。而亦必須先備。計共需二十四船。現在。鄞鎮兩處備辦均已足數。買價每隻頭等洋銀一千四五百圓。次等千圓上下再次數百圓杜丞固惟恐多費陳紳尤視如己事除擔保外又已自墊將二千緡船戶知爲沈石之用非買不可不付價不肯放船卑府已向總局陳守商付船價洋銀五千圓由杜丞處總算仍請飭陳紳愈省愈妙而統計船價極省亦在二萬內外應請札飭甯總局除已付五千圓仍將船價准由杜丞算明陸續具領至於排樁之內雖議再備二十船須靠樁叢以壯樁力此船應沈與否可以臨時察看船亦不妨較小或可租而不買然樁外之船需費已多應否備辦伏候憲裁總之不難在備船而難在費大雖超武

管駕鄧驄保言五月在粵。見用鐵槽木斜交三道堵口。聞費洋銀十餘萬圓。杜丞親聞閩人言閩買夾板船堵口。費亦必重於浙。而卑府與在事文武。皆知憲台籌款極難。故未敢過於求備。此用船與買價之數也。船隻既備。似沈石爲易事。而猶有數難。卑府非親到目覩亦不知也。以極窄之海船。置極溜之海口。損具盡去。以空船放至椿叢。二十八日。親見竭數十人之力始至。若於岸邊將石裝滿。到椿叢更難。故必先定沈船之地位。將空船各置位次。然後再以石實之。頭等船裝貨二千數百石。次者一千數百石。今易之以石重於貨矣船之板片不足阻敵惟恃艙內之石故載必求滿石塊貴大不貴小二十八日所沈一船豫裝之石尚未及半是日用二十四隻小船由南岸勇丁運石數時而高處頂艙仍空二尺卑府與楊統領杜丞等在海口親見該船鑿數洞後逾一點鐘時始漸沈至艙面又逾半點鐘始鼓浪沈下是非豫裝滿載不能速沈而二十四船約需五六萬擔之石談何容易雖幸鎮口山多取石尚易然碎石已完須另用火藥轟取楊統領擬商提台責成南北岸各營每營認裝兩三船以期其速而且足船至地位石塊滿

載，而仍非椿木趕先釘足，不能沉下，現在椿門左右，四叢已各足百枝，故試沉一船在椿門之左，其餘十七叢枝數統計尚不及一半，若先沉船，則水勢激溜，空處亦窄，將來椿架木牌，不能安放，即不能補釘，其勢非補足一處之椿，不能沉一處之船，月餘來惟恃臬府豫買椿架兩副，得用杜丞因架少且貴，且椿木亦不湊手，故未添買，令機器局自做一副，近始望成，詢之鄭都司在滬時見有一架，索價三百數十兩，臬府力勸杜丞，即日遣人往看，合用即買，一面多方廣購五丈長之椿木，其臬府稟留在象山港紅單船，亦令從權調來幫釘仍將釘樁甚苦之船勇礮兵時加犒賞據陳副將吳守備云如此添架添人添木卽可日釘百餘枝但使無風浪之阻千餘枝計十日可竣鄭都司情願緩到石浦署任留鎮幫同督催海口風浪有者其常無者其暫得無風浪之一日卽須衆力畢舉查超武元凱二輪向皆有隨船操習之營兵如蒙函商提台飭該二輪撥人幫釘則其事更速矣至於海口之水大潮二丈八九尺小潮二丈四尺潮平二丈光景樁木遇大潮始漫頂平時露出水面有七尺內外惟沉石之船至高亦祇一丈數尺其上仍有

一丈餘之水。若船上加船。則爲提台一語道破。海船之梔夾鱉殼多突出船面。勢甚不平。斷難再加。文武會商。敵船小者。亦喫水一丈。數尺。椿船森列。勢難猝意闖過。殆惟另用水雷等船。偷至椿邊。意圖轟毀。必賴口內各小礮臺兩岸兵勇。極力護此椿船。敵之狡計。自無可施。此外似無他策。前數年防俄時。有人謂海船尾高數丈。適可障水。不知阻敵仍祇恃艙中受載之石。若木板船尾。輪船擢之甚易。無裨也。天下事舉之而後重。履之而後艱。古人之言益信。卑府於鎮海堵口。本不敢輕上條議。惟和議未翻以前。自墊錢買椿架兩副。私商杜丞。買木試釘。初不料卒爲憲台定議取用也。今奉特札備船沈石。仰體憲意。必求能阻敵船。關係極大。需款亦巨。不憚煩瑣。詳考確審。故敢據實直陳。是否之處。統祈訓示祗遵。恭請勛安。卑府源瀚謹稟。

寇警方棘。撫院以沈船一事。檄甯波府宗守獨任之。此其稟覆情形甚爲詳切。錄之以見沈船之梗概。大抵鎮海釘樁沈船之議。發於宗杜二君。尚在余未莅任之時。余謁撫院。頗韙其說。及奉檄籌復。決計行之。厥後釘樁則杜君力任。而宗君佐之。沈船則宗君力任。而杜君佐之。二君皆能耐勞覈實。苦心經營。余於堵口一端。不過挈其大綱。因人成事而已。宗君心精力果。觀其籌議沈船。已可概見。余與共事九閱月。深知其能。蓋當防務緊急之時。非合羣策羣力。斷難集事也。附識

移英國領事官兼辦法事固威林書

啟者前接　貴領事照覆以定海所有法國教士應勸令遷移一事立即轉告趙主教如該處教士不遵本道所言無論有何事端當與本道無涉等語具見　貴領事關顧大局明達治體本道甚爲欣佩旋奉　撫憲批示此事毋任稍延致生不測仰即作速辦理經本道札飭定海廳會同成統領遵辦去後昨接趙主教來函頗多不倫之語本道尚有不能已於言者大抵多事之秋衆疑易啟衆怒難犯禍機一發如火燎原驟難禁遏定海既有天主堂伏奸藏礮之謠設令兵民積憤突起而

燬堂殺人如庚午年天津之事．官吏雖欲保護．恐已無及．從前中法和約未廢．中國憚於啟釁．故法尚可向中國索抵償索撫卹．今法之兵釁已啟矣．中國既無所復忌．而法亦無可復索．一時兵民義憤之氣．亦斷非官吏所能抑制．故本道之勸令及早遷徙．實係一番美意．並非虛語．趙主教以教堂藏礮之說．本道未飭定海廳查驗．遽令遷移．有同兒戲．不知疑謗由於憤怒．本不必辨虛實．或官白其冤．而兵民未信．或今日察驗．而明日復疑．終不如速避之為愈．本道亦謂此說未必確實．故尚壹意保護．若果使確實．本道當照干預軍事之例．從嚴

懲治否則亦如廣東辦法勒令盡數依限出境豈猶以
暫赴上海與住江北岸相勸耶查七月初六日
諭旨法國官商教民願留內地安分守業者一律保衛
此我
國家格外優厚之意趙主教亦引此以爲證本道之所
以代爲教士思患預防必處之安全之地者原即實做
保衞二字然法國官商教民旣稱願留中國必須尊敬
官長恪遵約束始請之安分守業趙主教亦知之否耶
至各教堂因屢次搬動不無虧累此係法國國家驟開
兵釁所致該主教似可向法國國家索取賠償本道不

便過問也趙主教又謂本道冒昧舉動恐致自貽伊戚
累害無辜又云如此妄行不息定海等處必將自招禍
患彼不過隱示其伎倆謂可呼召法艦來攻甯定耳欲
以此等大言恐嚇本道本道不懼也本道惟知遵照疊
次
諭旨激勵兵民同仇敵愾久置禍福利害於度外亦復
何所顧慮果若所言趙主教適自顯其有干預軍事之
權是定海兵民之所疑慮洵屬不誣矣本道亦知趙主
教因搬動費事情急而爲此語不過一笑置之然使兵
民傳播則趙主教與諸教士恐受奇禍此又本道關愛

之言也總之定海地當衝要又値此危疑之際兵民與法之教士斷難相安是以　上憲恐滋事端批令速爲料理其勢不可復留仍請　貴領事轉告趙主教勸令趕早撥移爲要至內地偏僻之處如有天主教堂安分守業可無庸遷徙者本道自當一律保護以後趙主教如有所言可由　貴領事傳達不必徑自函致本道恐徒滋辯論也專此泐布順頌

日祺

名另具八月十三日

辭嚴而理足氣勁而神和用意則無語不堅用筆則無垂不縮妙在處處杜其遷延之意破其矯强之辯

折其恫喝之謀。每說到盡頭處。卻又爲之出脫。予以轉圜之路。所以能使趙主教氣懾心服。就我範圍。其於剛柔操縱緩急輕重之宜。無不恰到好處。若使辦理洋務者。皆能如此。又何至有重慶温州等處之教案疊出耶。此與招諭法船脅從一示。並爲洋務中登峰造極之文。蕭穆識

移英國領事官兼辦法事固威林書

啟者昨佈一函未及繕發適　貴領事派務繙譯官來署晤談並出示　貴領事所接法國李總領事來函共於定海教士遷移一節大旨與趙主教之說相同查教堂伏奸藏礮之謠本道亦未信爲確實然此中關鍵本不重在實事之有無而重在人心之憤怒衆怒所注萬喙難回若謂詣堂查驗即可息謗然往往有官紳詣堂之日即愚民滋事之時庚午天津一案足爲前鑒本道以爲惟及早遷徙可保萬全若兵民積疑生忿斷非官吏之空言所能維持調護即泰西各國亦常有此情形

竊謂中法如用兵不息。將來各處驅殺法國教士之案。層見疊出。必不僅定海為然。今定海由本道暗中設法。或可免啟釁端。但天主堂內法教士。不可不趕速搬移耳。若以堂內男女人口較繁。不能盡徙。似可略仿甯郡教堂辦法。其羸病及十二歲以下者。暫留堂內。就本地教民之能照料者。選一人在堂照料。本道亦當飭定海廳選派妥役。兼撥老成勇丁數名住堂看守保護。並出示曉諭。以安教民之心。俟中法議和。法國男女教士仍可回住定海。固一無所損也。專此泐布。順頌　日祺。

名另具　八月十四日

上劉中丞書

敬稟者昨奉初十日　賜函敬聆壹是法船僅數號留泊閩洋其大隊悉赴臺北連日雖無確電似孤拔已踞基隆惟淡水能否與之相持尚無準信查臺北之不能堅守皆由礮臺不甚得力之故　鈞示擬撥鹽包四萬鑲護礮臺　福成昨爲　提台述之　提台之論則謂鹽見水即融恐難經久不如變價備購蔴袋繩網椶薦棉絮等物此說似甚有理溫州忽有焚燬教堂之案又將添出許多周折甯郡無業遊民前亦有浮動之意幸闔信稍早豫遏其萌得以無事定海教士遷延觀望堅不

肯撥。福成擬於二十四日赴定海勘閱防務。亦順便將教堂事察商妥辦。既有溫州之案。則驅之更有辭矣。沈船事已陸續辦妥。而釘樁尚遽難就緒。一則因樁架無多。一則因樁船日審退潮時內高外低。施工不易。又多大風相阻。尚須催趲杜丞等猛力加功。如能及早蕆事。則堵口究稍有把握。甯鎮添設電線一事。關繫重要。而訂價尚廉。提台與宗守皆極勸稟辦。並云萬一公項支絀。各營與官場尚可集捐湊數。惟念此等要務。究以開銷公項爲正理。未便不請憲示而徑自捐辦。又因福成初許稅務司以必成。所以能議價若是之廉。故此

時亦難作罷論也肅此恭請　鈞安　薛福成謹上　八月
二十三日
此信發後鹽包遂未撥發余屢與鎮海營務處杜丞
等籌商遮護礮臺之法旋據杜丞稟稱邀同馬江觀
戰之守備屠用裕赴各臺察勘據云招寶山威遠礮
臺最爲衝要前面三合土厚六丈數尺又加堆土袋
一丈一尺上蓋棉絮櫻薦儘可抵禦惟臺中大礮略
少耳其北面後海雖屬淺塗亦恐受敵因商借元凱
超武兩輪之四十磅子鋼礮各二尊分置山嘴隱僻
之處並將威遠礮臺後面堆護裝土蒲包厚約二丈

金雞山礮臺外面則堆裝土蔴袋厚一丈六尺又圍繞以毛竹籬笆海中望之儼如竹行又棉絮二千餘牀欓薦三千餘條均經採辦齊備擬運往各礮臺相機位置楊統領於東門外築長隄一道東嶽宮舊臺擬堆蒲包中開礮口十餘門有事時即將親兵營過山礮拖放於是布置乃逐漸就緒附識

上劉中丞書

敬稟者。昨奉八月二十七日　鈞函。敬聆壹是。定海防務。兵力雖不甚厚。幸戍守能耐勞苦。實力經營。且總鎮勤廉明決。和衷共濟。似有數分把握。添營一節。恐目下已無可分撥。即能多增數百人。亦有裨益。至五奎山變通辦法。倘蒙　允准照行。似於全防實有關繫。釘樁之事。已嚴催杜丞。此事實有兩難。一則風潮之阻礙。一則購料之艱窘。大抵甯郡木植。合用者本不甚富。其離水次稍遠者。加之運腳。則需費又較昂。當杜丞稟辦之初。意在慫恿必行。故其估價從儉。及核定領款。既不便驟請增添。遂不得不就本價計較。價未湊手。屢購不成。其所以稍躭時候者在此。所以料段不長。入底不深。間被衝壞者亦在此。今既疊次催趲。杜丞亦甚知著急。已屬宗守於購料事隨時幫助。當可逐漸就緒。梅墟添設枝綫。實屬要務。此間水綫。必須出江北岸渡江。而錢統領謂電房在梅墟之江北。可用馬船渡信。如此則水綫與建房費可省。然須添置電字機一具。與用打報學生及繙譯各一名。此實萬不能省者。鎮海設局。須歸併甬局經理。每月酌貼經費。目前報資無多。聽其開報結算。且俟事平之後。報資漸增。再歸入電報公司辦理。梅墟所需打報繙譯二名，亦應託總局派往，約須月費洋銀二十二圓，當令核實開報，肅此恭攸。鈞安。薛福成謹上。

九月初五日

上閻中堂書

年伯中堂鈞座.數月以來.時事益艱.不敢以膚末之辭.瀆陳 清聽.中法之事.決裂至此.法人之蠻橫無禮.妄肆侵欺.殆習知昔日之中國.不肯啟釁.漫謂示將用武必可得所欲以去.今彼既得越南.復以觀音橋一役爲辭.責償兵費.奮其詐力.謀奪臺灣.若使得志.彼不婪索鉅款.即當久踞不還.倘臺軍再能與法相持數月.則彼國議院.必以開釁爲非.而歸咎於始謀之人.可使各國漸知悔禍.懍然於中國之不可侮.得失之機.在此一舉.惟中法業既開戰.而法使巴德諾脫.尙留駐上海之租

界暗中偵探消息購募漢奸辦運煤糧散布謠說為害甚巨蓋法使在滬則彼可以聯絡各國而敵軍之聲氣靈通法使離滬則彼不能布置一切而敵軍之援應自絕巴使所居雖名為法租界然仍係中國之地按之公法條約無兩國業既開戰而使臣仍居其地者即指名擒捕或限期驅逐誰曰不宜今 福成審時度勢擬請

朝廷密敕南洋大臣派兵會同江海關道嚴密擒拏拏到後應遴派和平穩練之委員伴送至內地河南等處安置嚴兵守衛而優禮款待無論巴使如何咆哮均置之不理一面布告各國以法人燬我船廠攻我臺灣而

巴使仍居上海。與公法條約不合。且其謀害中國。實有不得不拏之勢。仍許俟議和後釋還。竊聞巴爾係法相斐禮之死黨。法之用兵。惟斐禮孤拔與巴爾等三數人實主其謀。國人皆不願也。彼旣煽法人以擾中國。復逗遛中國之境。偵我虛實。制我要害。聽其所爲而不之禁。竊於古今兩國交兵之例。未之前聞。而狃於西人之說者。動曰法人尙未宣戰。法使尙難驅逐。不知法旣逞雄馬江。襲踞基隆矣。此其欲以不宣戰之說誤我。而彼收速戰之利也。凡和約之絕與否。當以戰不戰爲憑。不以宣不宣爲重。設令法人乘勝長驅。而終不宣戰。我仍將東手受攻乎。此可決其無是理矣。即如中國駐法大臣曾侯。因爭論越南之事。與法人意見不合。早離法境。獨巴使不肯循例出疆。徘徊滬上。肆其詭謀。潛相毒害。直輕中國為無人。是迫我以不得不拏之勢。即請諸國秉公評論。亦斷不能歸曲於我。福成愚以為庚申年僧邸之擒巴夏禮。實係失著。以其正在議和而忽起波瀾。致圓明園被焚也。今若擒巴德諾。脫最為先著。以法人肆擾。業已盡其力之所至。不能再加暴橫。或因去其耳目。失其謀主而自絀也。夫法自搆釁以來。著著占先。今我若出其不意而擒巴德。似亦爭先之一說。蓋在我既有

辭可執。足以懾奪其氣。且待之以禮。則不至重激敵怒。而操縱變化。權仍在我。上策也。明降

諭旨。聲明不能容留之故。嚴行驅逐。中策也。由南洋大臣督同江海關道隱爲防範。下策也。若聽其久留。肆行無忌。受害實深。是謂無策。福成用是不揣冒昧。抒其一得之愚。幸

財擇焉。肅此虔敂

鈞安。九月十二日。年愚姪薛福成謹上。

閣相得書。頗善其策。然以事關重大。恐妨和局。遂不果行。附識

與統領撫標親兵等營楊軍門書

西園仁兄大人閣下。昨日緗文太守談及油簍一物。可禦礮彈。據稱曾經試驗。以二三尺高之油簍。實土其中。於數丈外開放洋礮。彈或不能入簍。或雖入簍而陷於土中。不能透出。間有一二透過者。其力亦已微矣。弟查油簍以籐條編成。本係柔韌之物。外面糊以油紙。陳油浸漬已久。更覺滑膩。簍中復實之以土。深得以柔制剛之妙。且油能禦雨。兼可耐久。用以遮護礮臺。似較之椶薦敗氈魚網蔴袋鹽包等物。更爲得力。惟必須向油店逐漸收購。不能倉猝製備。多具。茲弟特先購一百箇。送往招寶山礮臺。郎請　執事查收應用。仍希　詳細察驗。如有裨益。當再陸續購運也。手泐布達。敬頌　勛安不宣。福成頓首。十月初六日

與統領親兵小隊等營錢總鎮書

榮山仁兄大人閣下昨奉　惠書承　示修整梅墟礮臺相度兩岸形勢絕無屏蔽因飭各營於操練之暇沿岸建築土牆南岸至十里舖東石橋庵爲止北岸至十里舖西清水浦爲止令長牆一律工竣南岸計長十里北岸計長七里高八尺寬二丈走馬牆高六尺并多築小礮臺以容礮車等因仰見　藎籌碩畫布置精嚴督率之勞無間寒暑豈僅寗防之鎖鑰將爲全浙之長城敬佩無量前與　執事面議創築土礮臺一節今屬幕友楊生著議一篇錄備　察閱自來行文與辦事往

往不必盡同。蓋有須臨時相機措注。而不能豫定者也。此議大旨似尚不謬。自在　高明擇而用之變而通之耳。泐此敬頌　勛安。諸惟　朗鑒不宣。福成頓首。十月二十一日

附錄創築土礮臺議

聚萬國之人日殫其心思才力。以競勝於水陸攻守之地。於是舢板之製。易而火輪。火輪之製。進而鐵甲而礮臺扼守之法。亦迭出新式。日益堅固。一臺之費。至擲數十百萬金錢。而毫無顧惜。詳求禦礮之術。如築土垣。及用隔堆太平蓋諸法。皆足取效一時。然礮

臺愈大則受礮愈多敵以大礮歷時轟放亦必隳落剝壞而不能抵禦葢礮臺之利在據險要擅形勢而礮門礮路皆有一定之準向不可移易誠不如船礮之靈便故其得失相參利害相等而皆不可以必勝夫礮火之猛且烈固無勝之之策而未嘗無制之之道火者土之母金者土之子子母不相尅故金火之用至礮而極而遇土即止柔之制剛理固若是昔者林文忠公嘗言及之近德國人希理哈作防海新論亦云礮臺用石築者易破用土築者難破此已驗之事非臆說也考香港英國土礮臺法依高築臺上平

下坡穴土爲門中置礮座草木叢生其上不露臺跡
遠望若邱阜然敵所不覺易於爲我所乘而敵礮所
注輒中土垣不能洞入工費既省到處可辦無曠日
歷久之虞可收隨築隨用之效泰西諸國亦多行之
然放礮之兵露立無蔽敵礮攢擊往往不能還礮又
其臺僅守一面敵上岸抄襲不難佔奪尙不能有利
而無弊竊嘗深思其意而變通之其法用石架屋高
廣及丈其深倍之上鋪石板前爲礮門四面築牆後
爲小門以通出入小門之傍稍後更築一楹如前式
爲藥房以藏礮藥屋外挑土堆成巨阜高十丈佔地

圍七十丈。頂圓而尖。迤邐斜削而下。中若隧道。礮門之上。用長松三層。直列向外。中貫鐵條。埋於土中。其上多植老藤蒙葛竹柳之屬。根柢蟠結。枝葉蘩密。最能禦礮。臺前種樹以遮敵目。不能準擊礮門。其外環開深溝。溝達之河港。臺中建屋之處。亦開水道。注之外溝。以瀉積水。每屋一楹。安礮一尊。更可於一臺之中。列建數屋。各開礮門。廣安礮位。視地勢之險易廣狹。礮之大小多寡。以定臺之正側圓橢。隨時隨地相度建置。而其大指則具此矣。築土礮臺。其利有十。形如土阜。草木蒙翳。敵雖用遠鏡窺測。不能辨別。利一也。

取料既易到處可辦無待外求利二也用土約一萬七千餘方每方核銀一分有奇計銀二百餘兩更加一切工作得銀三四百兩不憂不足利三也其價既廉則有餘力可以多築礮臺防守易固利四也僅費數百金而其功用與數十百萬之礮臺等利五也我兵伏處臺中無所恐畏可以安意放礮悠轟敵船利六也敵礮所擊必有摧敗然西岸之土仍復西岸於我毫無所損利七也敵必中我礮門始能傷我而敵礮之來必自上斜下礮門平固深進四五尺卽中其處必隨勢落下不能入內利八也藥房在後安置妥

密萬無轟裂之患利九也敵船之來必先用一船駛進試我礮力我先放小礮懈敵之心俟其衆船逼近然後用洋製上等大礮突行轟擊可以隨時沈沒利十也惟臺中深奧不見天日陰氣蒸鬱藏藥受濕易致損壞礮兵久住多生疾疫不可無慮宜於臺後築屋數間平日一儲礮藥餘爲軍士住宿之所臨警始將藥徙入藥房礮兵盡住臺中多購燥性之物以除其濕水道既通數月亦可以無害外此則詳細思之而尚無他弊也事之至近易效無過於此矣

答總辦省城防軍支應局務唐吳觀察書

藝農殿臣仁兄大人閣下．昨奉　惠函示及．奉　中丞面諭．欲照天津各口辦法．用數丈長巨木繫以鐵練．紮成長排．以塞口門．與沈船釘樁．參輔並行．特委翟倅赴鎮海．會同杜丞查看辦理．屬弟就近妥商具復．以便回明舉辦等因．翟倅於十九日由鎮赴甬．述及與杜丞及輪船管駕等熟商數日．僉謂鎮海口門風潮較大．即使聯成浮筏．恐臨時運掉不靈．轉於沈塞石船之要務．有所妨礙．今擬於口門之外兩邊重釘巨樁．橫施鐵練兩三道．亦藉可阻攔來船．騰出時候．卽能堵塞口門．事既輕便而費亦較省。弟查大沽口門係東南向。廣東口門係南向。風浪稍輕。運用浮筏。尚易爲力。鎮海口門係東北向。平時風勢較異。復有金雞招寶兩山。扼束兩岸而虎蹲山正對口門。潮長潮落。勢皆迅激。則浮筏之不易運用。自係實情。鄙意亦謂必欲舉辦。似不如鐵練之有益。翟倅隨即旋鎮。據云已稟商 提台一俟議定。即當通報。頃接 提台來函。知翟倅等已經稟 貴局想已回明

中丞。酌定辦法。除專復 方伯外。肅泐布復。敬請

勛安。諸惟 朗鑒不宣。福成頓首。十月二十一日

移英國領事官固威林書

密啟者。法船游弋浙洋。逼攻鎮口。本道於保護洋商各事。已隨時與　貴領事妥商辦理矣。第思法人自去年索償不遂。遽至棄好尋仇。本係無理取鬧。浙江向係自守之省。如有外侮。必竭力捍禦。然於一切和戰大局。不聞不問也。今查虎蹲山以內。口門向稱天險。甲於他口。水陸防軍。奮勇輯睦。布置嚴密。營內精於用礮。究於西法者。復有多人。度法船未必遽能得手。即使稍勝。亦不過浙民被其害耳。法人究無絲毫之益。又恐與華民結怨日深。則法教士之在中國者。不能常受保護也。且甯鎮係通商口岸而法船久泊口外．以致船貨難通．是其主意不過在擾壞商務耳．貴國商務較多．虧損尤大．應請　貴領事函致駐滬　貴總領事．詰問法人究竟是何意見．若其意在擾商務．貴國固當糾合各國．切實與之理論．責令退去．若其意欲仍與中國議和．亦宜敦請友邦出而調停．不宜爲此損人無益之舉也．貴領事於保護洋商諸要務．隨事經營．不遺餘力．如能設法使法船早退．則不僅　貴國商民蒙其福．卽各國商民亦受其惠．本道尤欣佩無涯矣．專泐奉布．順頌

日祺．

名另具光緒十一年正月二十九日

上劉中丞書

敬禀者。開春以來。防務日棘。所有緊要事件。均經陸續電禀。以是禀函稍稀。福成於二月初四日馳赴鎮海。分往南北岸礮臺兵輪陸營。察看情形。慰勞將士。初五夜亥刻回郡。自正月十五十七日兩次擊壞敵船。兇鋒已挫。賊膽自寒。而我水陸諸軍。壯氣百倍。晝夜嚴防。加以虎蹲形勢絕險。爲沿海各口所不及。若法祇此六七船。彼亦未必能逞志也。惟南北兩岸。意見不無齟齬。其端起於鄭參將鴻章。吳守備杰。平時積不相能。此次復以有功無功相形見絀。屢因細故。互生猜嫌。幾欲列隊開槍決鬬。强敵在門。將領不和。最爲大忌。福成已先令宗守馳往和解。復再三面告杜丞。俾勸勉吳守備。切勿恃功逞忿。致失事上之禮。務於提台體制無虧。以期力顧大局。如鈞座再密諭杜丞。俾勗吳守備以大義。當更有裨益。但此事不便過於揭明。蓋冀痕迹漸融。則日後尙可共事也。竊思吳守備臨財廉。禦敵勇。操練勤實。爲難得之材。惟任氣犯上。罔知禮讓。最其短處。伏願憲台用其所長。戒其所短。於裁抑之中。寓曲成之意。則造就將才。必可收效於將來。賞項一事。先據杜丞函稱

提台及楊錢統領面商定議。除賞礮臺兵輪等外。尙擬

勻派各營同霑　憲惠。職道　答以分之見寡。每人所得幾何。似不如遵　憲電核實之諭。所以　提台有函請
鈞示之舉。其所慮亦甚周到。與管見正相符合。惟　福成昨至鎭海。與　提台統領及杜丞等晤談。始知各營望賞之心甚切。彼之所爭在顏面而不在數目之多寡。且兩旬以來。放哨巡瞭。晝夜勞苦。此次浙防挫敵。爲近年來之創舉。而設防又必合衆力而成。若使衆情稍有不協。亦非所宜。則給賞稍示周溥。似無不可。福成　不敢固執前見。特再詳陳此中曲折。以便　鈞裁參酌施行。如用　提台等之初議。則不妨聲明一次如此。以後亦

不至沿為成例也再十五日之戰楊統領在招寶山礮臺首先望見法船始作準備又復親自督戰獲勝今讀鈞疏末為表明意稍不樂若　憲台他日遇便稍有以激厲之當更感奮矣恭請　鈞安伏惟　垂鑒薛福成謹上　光緒十一年二月初六日

上劉中丞書

敬稟者連接初五初六日　鈞函敬聆壹是閩軍援浙五營望後卽可抵甬　藎籌布置周密南岸可免空虛致劉道一函應卽留存轉交鎭海口門寬百餘丈初議釘樁沉船每樁一叢相去丈許原祇備阻兵輪今雖出示封口而商漁小船仍由樁間出入勢難禁遏杜丞巽守備等初擬轟擊一二以警其餘然法人方以甘言惑衆謂此來並不阻礙商務而我先自擊燬民船非特恐釀蜀省東鄉之案又慮驅失業之貧民漁戶為敵所用更屬失計今議定明示封口而暗弛小船之禁既為窮

民留一線生機而躉稅亦不無潤色行之旬日尚覺有利無弊蟹浦穿山事未及行乃起而力爭者皆以引敵爲慮祇可罷論矣商務一說稿成屢設辭以激各領事而各領事亦無如之何英領事勸以三輪大礮移置礮臺而駛空船至餘姚以絕法人之望然此事固辦不到萬一法船窮追直入又將如何目下情勢祇有協力嚴守而已宗守孝思甚切力請終制此時　鈞座想已一面奏留宗守兩三日內即須起程應俟伊到省後再遣員勉以大義必不得已或許俟防務解嚴後准其給假歸葬如此則情義兩全矣此間躉局支應及營務處提

調兩席甚有關係。宗守在郡多年。情形熟悉。渠又稱百日內不能見客。福成告以彼或在局鈎稽出入。或發議論致道府酌辦。或有事函商前敵將領。本可不必見客。但宗守向畏清議。且以不早請終養爲憾。恐尚未肯遽出耳。肅此虔敂鈞安。伏惟垂鑒。薛福成謹上。二月初十日

上劉中丞書

敬禀者。竊奉初八十三日兩次　賜函。敬聆壹是。西園得　手書慰勉倍加感奮。杜丞亦已遵　鈞諭勸吳守備。極能領悟。從此可期相忍相讓。不至齟齬矣。自出示封口以來。榕門夜挂巨綱。即小船亦不能出入。白日由營務處派人查驗。據杜丞稱奸宄斷難混入。至商輪准泊虎蹲山外卸貨。其駁船入口。由超武鄧管駕派人稽查。此事與杜丞等再三核議。始定辦法。似不至有流弊。法船六隻久泊口外。無甚舉動。每日或放礮數響。或升竪紅旗而不戰。頃聞孤拔已潛赴臺北。將於日內猛攻淡水、竊料其船中精銳、或有抽去、彼之所以放礮升旂者、蓋內有所怯而藉以張聲勢也、若欲設計攻敵、正在此時、惜乎少魚雷船耳、查甯郡漁戶及善泅水之淡菜戶向多熟習海道、如用以送水雷、備火攻、偵敵情、購敵綫、最爲得力、福成去秋卽與宗守詳籌募用、因乏餉而中止、今已勸明郡中紳士、募水勇二百人、擧一知兵習海道者爲管帶、由道統轄訓練、其餉由紳民集捐、與官無涉、俟衆紳議定章程後、卽當詳稟候　示遵行、如成軍一月以後、或可出奇制勝、昨據象山鄒令及象石練軍劉副將疊報稱有台匪二百餘名、乘紅頭漁船十四隻。游弋石浦洋面登岸刼掠。仍即上船。飄忽無定。恐其蔓延鴟張。求爲禀請　憲台分撥鎮定兩處紅單船。或横溪防營赴勦等語。此時法船逼口。鎮定紅單船及横溪防營。斷難撤動。已函請鄭都司碧山督率駐石之紅單船。及扮商師船梭巡洋面。相機勦捕。又聞春夏之交。向有台州漁船千餘號。赴石浦採捕。恐匪徒混迹其間。或勾法寇爲患。不可不稍示防範。擬俟閩軍五營抵甬後。由　福成　商請劉道就駐横溪之一營内分撥一哨。駐防象石。是否可行。伏候　示遵。肅此虔敂　鈞安。伏惟
垂鑒。薛福成謹上。二月二十日

答伯兄書

撫屏大哥大人尊前。二月初八日馬遞一函。諒早收到。頃接十一日　手書。具聆壹是。此間與法開仗情形。大致已括於致　傅相及王仲良兩電之中。仲春以後。法船在金塘洋面呆泊。每日或竪紅旗以示欲戰之意。或對岸開數礮而已。此次防務得力。在法船初來之際。礮臺兵輪連擊壞其兩船。以後遂不敢駛近礮臺。遠泊十餘里外。仍思乘夜放魚雷入口。又用舢板撲岸。皆爲我軍所覺。屢次擊退。擊沉。又以開花大礮。對我礮臺轟擊。每一彈大至五百餘斤。其彈或墜麥田。或墜海岸及內河皆不開花。此中大有天意。間有一二打著礮臺者。嵌入泥土。亦不開花。蓋自客歲弟到任後。中丞委弟綜理海防營務處。獲與　歐陽軍門及楊錢兩統領講求布置。而宗太守源瀚。杜司馬冠英。皆以通才。好談時務。凡有陳說。弟無不酌擇行之。軍門統領均老於軍事。閱歷甚深。其所以綢繆防務者。不遺餘力。沿海兩岸修築長牆。縣亘殆二三十里。衝要之口。埋伏地雷。每於山岡顯露之處。設立疑營。壁壘森羅。旗幟高豎。凡礮臺皆換石為土。取以柔制剛之妙。換明為暗。務使虛實相間。敵不知吾礮吾兵之所在。從前洋人搆釁。中國籌防。未盡得訣堅瑕虛實。一望了然。彼以千里鏡注視吾兵民所居。軍實所萃。貨物所屯。以開花礮攻之。一彈所炸。鮮不糜爛。故當之者無完壘。攖之者無堅城。今經營半年。而狡寇適至。彼但遙見一片長牆。既無以辨吾孰堅孰瑕。孰虛孰實。或對高處疑營開礮。則虛無一人。徒耗藥彈。敵在海面。風潮顛簸。所放之礮。往往不能取準。如欲闖入口門。既以水道不諳。恐困於險礁淺灘。又爲礮臺兵輪叢椿水雷所阻。且法人涉數萬里遠來。煤米藥彈。必不充足。彼一彈之價。値數十金。若放礮而漫無把握。不啻以艱貴之物。浪擲諸無垠之海岸。正欲其墮吾術中。

亦恐法人覺而自止。　弟早與軍門統領言之。今果不出所料。彼既不肯漫然放礮。即放礮亦毫無所中。蓋炸彈一遇鐵石。立即開花。今皆遇水土。竟無一人損傷我軍亦置之不理。但欲伺其近岸而擊之。彼終不敢駛近。自此遂不甚開戰矣。至於遷去天主教士以清間諜。客歲費兩月心力。然後辦到。今甯鎮定海。廓然無內顧之憂。所以能放手辦事。此層亦最得力。又如海口百餘丈之寬。釘樁沈船。周密無間。係　弟督同杜冠英始終經理。今敵艦果不能駛入。而南洋三輪入口後。有所憑依。不致被轟於魚雷者。樁船力也。他若造甯鎮電線以捷軍報。

豫以厚糈僱養善領港之洋人以絕法船之嚮導密聳英領事揚言保護定海以杜法人之窺伺由今思之皆係必不可緩之要著其他小事隨時相機措注更難縷述弟自元宵以後百務環集寢饋爲廢飛檄發電筆不停揮手腕欲脫今始稍覺清暇鄙意所尤快者如滇如粵如閩如直隸如奉天如臺灣皆星使聯翩會辦絡繹宿將棊置且由部撥大宗巨餉然要不過勝負互見甚者如馬江之敗績惟浙防無督辦之大臣亦未撥巨餉僅由弟與 健飛軍門承乏其間 健翁任戰事而籌畫一切則弟任之位望最輕用餉最省而氣勢完固有

勝無敗。非特中法開戰後所僅見。實與洋人交涉後初次增光之事也。承　詢邸鈔未見弟名。蓋因中丞匆匆敘戰偶爾遺漏。然正與弟意暗合。夫爲其實而不居其名。最爲上乘。凡人求見姓名於奏報者。蓋爲希冀獎敘起見。弟之本心。惟兢兢以不能盡職防海爲懼。豈復稍計及於獎敘。　中丞平日倚弟籌防。始終言聽計從。毫無掣肘。今或鑒及弟之不汲汲於表見。故不以其待諸將者待之。夫課其實用而緩其虛名。不可謂　中丞非眞知我也。雖然。此事之梗概。請再爲　兄詳陳之。大抵

中丞敘戰之疏。悉本軍門統領報戰之文。軍門統領

於此素不甚留意。一以屬之營中之文案。近來營中文案。大率貧窮餬口之士。本無識時務知文墨者。不過掇拾浮辭。潦草塞責而已。蓋論海防報戰之體。與勦粵捻寇時情形迥異。勦寇之役。重在臨陣決勝。故敘戰宜詳。海防之役。重在平時布置。故敘戰宜略。今鎮海兩次擊敗法艦。若覈實甄敘。不過彼此各開幾礮。法艦受傷旋退。寥寥數語。足以括之。惟必將事前布置之曲折。擇要敘明。而所以致勝之由。不言自喻。正文不過淡淡著筆。則愈簡實而愈精神。彼營中辦文案者。固不足以語此。於弟之布置各端。既一字不及。即於軍門統領之布置各端亦一字不及突敘礮臺開礮一事無以起發人意使人閱之轉覺其敷衍無聊疑非事實然則浙省以卓然非常之績而出以黯然無光之文固屬可惜弟推本於營中文案之無好手雖係實情仍宜曲諒以前敵倥傯之際實不暇精心營度也且務實不務名者固不於此爭得失因　來書殷殷詢此輒縱論及之至當時弟不專具稟牘以備　中丞采擇者嫌與諸將爭功也方今和議已成或不致再有翻異鏡清砥平可翹待矣泐此縷復敬請

大安弟福成謹上二月二十七日

此係遞通州家信因其指述防務情形頗爲詳悉特

附錄以備查攷、自識

上劉中丞書

敬稟者頃奉二月二十三日　賜函敬聆壹是款議已定法船既稱三月朔日停戰或可開駛他往　鈞諭彼船雖去鎮口沈船仍不可動仰見　思深慮遠如留之以備他日防務自可少費財力裨益大局惟此中亦有爲難之處自去冬以來樁門漸窄商民船隻出入間有被樁木碰壞或因撞損樁木而受罰於有司未免嘖有煩言或來道署遞稟彼時以籌防之說駁之始各帖然以去刻下貨船出入皆僱兆昌小輪拖帶民船易碰樁門惟火輪能直走中間不致左右滉漾需費較鉅若承平日久商民勢必不願至

封口以來．有一英國兵輪在口內者．英領事屢函請開口．放其駛去．今日又稱奉本國提督電調赴日本．刻不容緩．請電飭營務處速卽開口等語．答以三月朔日以前．倘未停戰．斷難開口．恐領事倘須前來攪擾也．輪船在口外起駁．倘離椿門四五里．美國領事司提文屢以駁船費鉅．商家賠累．將來須向官索償爲辭．疊請准商輪入口．雖援萬國公法以拒之．該領事復向稅務司屢肆咆哮．蓋費口舌已彌月矣．若一開我防務已鬆．斷無不求商輪入口之理．是不起沉船一節．必辦不到也．又傳聞口外新漲淤沙一道．葢口門有椿船阻礙．水流既緩其力不能衝刷浮沙但恐愈漲愈高而口門從此遂廢關係良非淺鮮竊謂盡去樁船則在防文武半年之心力與前後所用經費均付一擲固屬可惜若不去則於浙東數郡水利有礙不得不為民請命而領事之催迫稅釐之減損猶其餘事且釘樁費約萬金沈船費約二萬餘金沈船經風浪刓齧一二年後釘即散脫待至再有防務其板片早已朽爛飄流入海即叢樁亦必不能屹立如故萬一稍有留者若恃以為用必至貽誤猶將去之惟恐不速是祗有臨時籌辦之一法而甯郡農商之受其病則在目前似不必徇楊統領杜丞等一偏

之見而妨大局也。查寶順一輪。本未沈下。若再稍開兩旁留出口門約三十丈。則各船皆無關礙。水力亦能刷沙。乃爲經久之道。此後仍當隨時相機酌度。亦未敢豫執成見也。郡紳水勇之募。暫從緩議。象石台匪。得段副將馳往。當可速了。閩軍數日內當可到郡。他日似應撥處標一哨。赴石浦。如能全往則尤妙耳。肅此虔敂　鈞

安。伏惟　垂鑒。薛福成謹上。二月二十八日

敬再稟者。此次浙防穩固。得力在法船初到時。兩次擊中敵艦。挫其兇鋒。敵從此不敢駛近礮臺。二月內竟無戰事。而平日布置之頗得力者。則在徙教士以絕內應。

添電線以捷軍報。杜引水以扼天險。由道會同 提台出示。嚴禁兵輪水手登岸。俾不致蹈石浦之覆轍。豫請
鈞座發嚴厲之電。致錢統領以怵南洋三輪管駕。俾知無復退步。始拚命幫輔礮臺。以成摧敵之功。初非三輪之前怯後勇也。然必釘樁沈船。則百餘丈之口門。始有所憑依。礮臺兵輪。益能著力。此舉亦最爲得勁。由今思之。以上各事。竟是無一可緩。至法人之失著。在舍定海而攻鎮海。以鎮堅而定瑕也。然非豫爲密籌形格勢禁。則彼亦難就我範圍。此事經福成去秋與稅務司密商。以法占定海有礙英國商務之說。聳動英商。多著議

論。繙成洋文。寄往倫敦報館刊布。復以危辭往激英領事。俾願踐保護舟山之約。領事雖不露端倪。今年正月接滬局來電。始悟英駐滬總領事與法使巴德諾脫賓已密訂法不犯定海。英亦不宣保護之說以礙法事。所以法人揚言佔踞普陀。始終不敢前往。以普陀亦定海屬也。是法船之不窺定海。其受英人牽制爲不小矣。竊思中法開釁以來。馬江一戰受害最鉅。其餘若臺若粵。互有勝負。惟浙省經　鈞座督飭文武。斟酌機宜。循序布置。將吏隱情。無不上達。上下遠邇。聯爲一家。正不必如他省之星使聯翩。會辦絡繹。而防守完固。毫無損傷。

實數十年洋人入華以來所僅見似應將大畧情形疏陳梗概以明將來防海之準的其前敵立功將吏如杜丞吳都司等應破格保獎以昭激勸至於 提台統領督率之功亦不可沒想 鈞座必已據實爲之論列再南洋三輪自正月十五日以後兩次擊敵甚爲出力應請 專疏保獎以踐前說此皆天下之公論也和議雖成宗守若能接辦甯局可於捐務有裨伊年來襄理防務頗著勤勞若蒙列入獎敘亦是維繫之法再敏

鈞安 福成 謹又上

浙東籌防錄卷三

咨　移　札　照會　告示

咨浙江提督軍門歐陽

爲咨呈事本年十二月初八日奉　撫憲劉　札開本年十一月二十九日接准　兵部火票遞到　軍機大臣　字寄光緒十年十一月十七日奉
上諭前據卞寶第奏訪求地營築法繪具圖說呈覽一摺當諭令楊昌濬劉銘傳酌辦沿海防務緊要均應妥籌備豫並著各該將軍督撫酌度情形一體籌辦原摺及圖說均著鈔給閱看昨據都察院代奏教職陳麟圖

條陳防務請暗修礮臺多備小輪船應敵漁船有二弊不可用等語前疊據臣工陳奏修築礮臺等事先後諭令各該將軍督撫籌議朝廷博采眾論期無遺策陳麟圖所奏是否可行著一併酌核辦理原摺均著摘鈔給閱看將此各諭令知之欽此遵

旨寄信前來承准此除咨行外合行恭錄札道移行欽遵辦理等因奉此除分行外相應咨呈 貴軍門謹請

察照移行欽遵辦理施行須至咨者

計粘鈔原奏各件

光緒十年十二月十三日

附錄署湖廣督院卞中丞原摺

奏為訪求地營築法繪具圖說敬呈　御覽並另造模式咨送軍機處以備參考恭摺仰祈　聖鑒事竊聞記名提督劉永福前在越境講求避礮之法開挖地營極資得力臣曾函託雲貴督臣岑毓英就地訪求築法據稱劉軍地營實該督為之創始初在臨安館驛等處設法挖築曾殲巨寇今春駐越南興化城外築成連營十餘里營外排釘鹿角柵復於柵外安置地雷我軍萬衆盡伏地營不見一人法人屢次攻撲未能得手又以氣毬升高窺探知其堅固迄

不敢近、三月間糧竭、我軍撤動、法夷在隔河施放開花巨礮、自辰至申、一千數百餘響、並未擊傷我軍等語、由該督臣函復、並繪圖貼說附寄前來、臣嘗按其圖說、詳加考較、竊以爲法夷犯境、礮械最爲長技、而惟此暗地挖營、足以避其轟擊、因將原寄圖說反復推求、詳晰注釋、飭令防營在於省城東門外洪山地方、如法挖築、臣隨親往閱看、派勇藏入地營、外用大礮、安放子藥、距地營稍遠處、對面轟擊、試演一過、未傷營內一人、以此推究、敵礮遠至、可以無虞、倘其棄舟登岸、攻撲地營、我軍由內施槍、連環擊放、實可立

於不敗之地陸地防守最爲合宜謹繪圖詳說恭呈
御覽並造具模式咨送軍機處以備參考至應
否　諭飭沿海防營仿照辦理之處出自　聖
裁所有訪求地營圖式緣由理合恭摺具陳伏乞
皇太后　皇上聖鑒訓示謹　奏

附錄地營圖說

謹案地營圖係平地開挖暗營每營四面安立分內外中三層每層挖明濠以通人行寬三尺深約五六尺明濠兩面用石灰築牆或用木板竹笆排釘或即加泥捶緊就濠深五六尺處鋪架地樓板再於地樓

下挖深數尺，開放溝道以防雨水，中外兩層暗營，參差挖築，均由明濠向外一面橫開地穴，方如斗形，以能容五六人爲度，仍就斗形，於平地築土牆三面，厚約二尺，高約四寸，卽於牆上橫鋪木板，用樹支撐，再於板上築泥尺厚，以作營頂，如土浮鬆，酌量加厚，就其向外土牆離平地二寸，開槍眼五六處，人藏其中，便可施槍應敵，槍從暗營施放，離地雖只二寸，槍口稍昂，子出漸高，行至二三百步，便著敵人胸腹，暗營口門緊逼明濠，應防飛彈墜入，仍用木板橫蓋濠上，接住營頂，以土鋪築，其餘不立地營之處，卽留明濠以便透亮。敵人攻撲。先令外層應敵放槍。外層槍過。中層接放。中層槍過。外層槍手又可上藥接放。連環轟擊。敵自難近。設遇敵礮遠至。營頂連牆高地尺餘。不至受擊。或有礮彈低過。人在暗營。營上有土遮護。不能爲害。即恐礮彈低落。暗營門口。均經遮蓋。無虞滚裂。倘竟滚入空濠。而濠身不寬。炸裂不能及遠。亦可無傷人之慮。其內層暗營。由明濠向外挖築。左右橫通數尺。或半工字形者。係營勇造飯。並輪班休息之所。上仍橫架木板。以土鋪築。其下用樹支撐。如暗礮臺兵房一般。當口明濠。仍用板蓋鋪土。火藥糧草。

均就安放、另開曲折暗巷通過中外兩層、我兵盡伏地中、往來行走、不見一人、敵從遠地放礮、我可安排靜待、視其逼近、卽從暗中擊之、再於地營之外圍釘鹿角柵、或深開地道、並於鹿角地道之外、埋伏地雷自足立於不敗、敵人棄舟撲營、誤觸地雷、暗營兵勇均可衝出平地、乘勢追擊、固不僅利於守也、防營如法挖築、無事之時、可就中間餘地支架帳房、用資棲止、遇有警報、便將帳房撤去、藏入地營、準備迎敵、至其臨機挖築、或如方城、或如太極、或如彎月、或如一字長蛇、或以中外兩層挖出之土、堆放中間餘地、將內層暗營高築尺許開眼放槍爲中外兩層接應而於內層明濠向內一面開挖橫穴安放火藥糧草均可因地制宜不必拘泥若必兼用大礮地營之內無可施轉或即露置平地另開暗穴藏伏二三人乘隙偷放則又在乎將士之臨敵應變也合併陳明

此但循例轉咨之件浙軍未及照辦本屬無甚關係細思此法須在秦豫滇粵土厚水深之地爲相宜大抵偶一用之出敵不意或可取勝非恃爲行軍常法也海濱之地掘土二三尺即已見水則施之海防更形窒礙矣在北洋屢見有條陳是說者多格不行蓋

地處低窪。勢有所窮也。惟以其著意在陸戰避艦。言之不厭其詳。姑錄之以備一格。原文中尚有附錄陳麟圖條議。因其精蘊無多。茲從删節。至浙防得力之大端。稍與此說相似者。則在修築長牆。甲申之夏。余與歐陽軍門及楊錢兩統領時時商論。以謂鎮海海口散漫。南岸育王嶺。布陣嶺。孔峙嶺。清泉嶺。沙蟹嶺。北岸蟹浦。灣塘。沙頭堰等處。均係登岸要區。而招寶山至梅墟。尤關緊要。苟非聯築長牆。形勢總覺顯露。軍門統領老於戎務。知剿滅捻寇之役。專用長牆圈制以成大功。當時皆身在行間。熟悉此中甘苦。於是就營壘所駐經營布置劃分地段各率所部修築隄牆往往躬親督役不避風日凡南北兩岸緜亙數十里聲勢聯接工甫竣而法船至矣彼既無以測我虛實故放礮多不能取準如欲逼岸又恐遇伏如欲縱礮毀牆則彼以珍貴之藥彈與我土石相博巨彈一枚僅能毀牆數尺法又必不爲也故余謂軍門統領之修築長牆其耐勞踏實固不可及而所以建守口之功者當以此事爲嚆矢附識

咨統領援臺兵輪提督銜記名總兵吳
爲咨會事照得本道於正月初八日申刻接奉　南洋
爵督憲曾　電開探瑞濟三船已奉
旨相機進止請轉告確探乘隙速回兵機迅速切勿拖
延倘洋面仍有法船遊弋則未可造次輕駛等語酉刻
又奉　爵督憲曾　電轉　北洋爵閣督憲李　電開
石浦法船於初三午回去探瑞濟似應趕飭回江口快
船生火足即偶遇敵艦無妨等語又接　爵督憲曾
電開請轉飭探瑞濟三船如探無法船即刻相機駛回
江陰勿稍涉拘泥致失機宜等語又接　撫憲劉　兩

次電開望催令三船乘間迅駛回江。勿失機會等語。除
節次鈔錄原電封送　冰案外。本道查鎮防連日派探
船出洋。昨據營務處杜丞電報南自普陀山。北自羊山。
均無法船。又迭據石浦象山廳縣稟報法船南駛。是目
下甯滬洋面。似無敵蹤。應請　貴統領一面速派小輪
及妥實弁勇。向前確探。如無敵艦。趕督三輪生足煤火。
駛回上海江陰。以副　上憲盼望保護之意。若稍遲疑。
則敵艦或赴温洋尋擊不遇。改輪而北。或赴閩添煤再
來。數日之間。恐已措手不及。各領事及稅務司皆云敵
聞三輪在此。必來尋擊。或故在口外放礟。俾我先自封

口。則三輪困在口內。而彼得專力攻臺。卽此間地方受害非淺。且長江亦更空虛。彼可惟所欲爲矣。若以長江爲退步。則有節節藏臺。易進難退。彼自不敢深入重地也。事機得失。間不容髮。想　貴統領必已相機布置。妥速定計。本道疊次文函。不憚爲再三之瀆。誠以大局所關。不敢緘默。嗣後儻以遲誤。而致失機。本道不敢任其責也。相應咨會　貴統領請煩查照。迅速施行。須至咨者。

光緒十一年正月初十日

移營帶象石練軍劉副將

爲移會事照得澄慶馭遠兩兵輪在石浦港內被困經本道電請　撫憲抽營往援頃奉　撫憲電開法未入內港必是水淺吳統領已親往但使煤彈不缺姑可相持若法調淺水船來戰於水中陸師徒望洋而歎惟勢危義無不救所苦甯鎮正在戒嚴不得已勉力抽撥段副將一營會同劉副將象石練軍一營赴石浦以作聲援望先函告札另撥等因奉此除本道另撥勇赴援外相應移會　貴副將請煩查照　憲電事理審度機宜盡力援應或出奇制勝懋建殊勳本道有厚望焉須至

稜者。
光緒十一年正月初三日

移署石浦營都司鄭游擊

為移會事照得法燄披猖困我澄慶馭遠兩兵輪在石浦港內亟應設法救護除電請　撫憲撥營馳援外本道復於衛安營內挑選精練勇丁五十名甯郡巡防勇內挑選四十名交哨長周炳榮費炳禮帶赴石浦聽候

貴都府調遣稍張聲援如法船漸退希即飭令速回郡城以顧甯防風聞兩兵輪內有一輪弁勇已逐漸登岸幾致無人駐守素仰　貴都府明練樸勇熟諳海道應請　督率貴部紅單船之廣勇及派去之衛安等勇暫登彼船協力守禦或相機設法駛以出險則保全兵

輪。厥功甚偉。本道有厚望焉。相應移會　貴都府。請煩

查照施行。須至移者。

光緒十一年正月初三日

札定海廳同知陳

札定海廳知悉本年九月十五日准　署定海鎮貝咨開爲照定海各口經本鎮商准　撫部院議設三杠魚網以備海防乃近有沿海不肖漁民因礙行船竟敢於昏夜駕舟盜砍三杠竊取竹料迨工匠聞聲趕捕即已遠颺若不嚴行查禁實於防務有礙現經派撥舟師嚴密巡邏如再有奸民貿夜盜砍立即駕舟追拏儻趕不及即令開礮遙擊格殺勿論除飛飭統領靜安勇黎遊擊派船巡防並出示嚴禁外合亟咨請轉飭示禁等因准此合亟札飭札到該廳迅即一體出示嚴禁以儆

愚頑而杜奸細毋違切切此札

光緒十年九月十八日

三杠挂網者以巨竹聯成弧三角式植於水中多挂魚網於其下每在海口扼要之處星羅棊置以礙船路其竹杠之鋒銳頗足損壞木船而魚網絓罥敵輪亦能使輪船受困深得以柔克剛之妙其工價之廉不逮釘樁三分之一凡籌辦海防或値經費不充人手不齊欲爲省儉速成之謀者往往以杠網代釘樁雖勢輕力弱似無大益然苟布置得宜亦足阻拒敵船存此以誌海防之一法 附識

札甯波府鎭海縣

札甯波府鎭海縣知悉查淹葬之患實始於停棺人禍之酷莫甚於暴骨本道巡閱海防屢過鎭海見叢棺纍纍到處皆是日久朽壞尸骸滿地惻然傷之當此海疆戒嚴將士雲集屍氣所蒸易成疫癘死者難安生者受害甚可悲也訪得鎭邑自東城至西城內外以及招寶山白家埠等處暴露之棺已有一千五百餘具而南岸金雞山一帶更難計數其中無主者固多有主者亦復不少或妄信堪輿貪求吉壤或俗尚奢靡恥於儉葬始暫厝以有待繼習焉而遂忘釀此澆風大干例禁至於從軍兵

勇間有在防身故羈棺異鄉孤魂無依尤堪憫惻若不設法掩埋更無以激士氣而勵戎行本道昨聞駐鎮各營將領及兵輪管駕多有願籌此善舉者復晤北號紳董候選郎中鄭綬祺據稱願佐該縣妥爲辦理其見義勇爲當仁不讓之風良足嘉尚合亟札飭札到該府立卽轉飭該縣該縣立卽邀同鄭紳并添請公正紳董妥議章程廣勸商民集貲購地或公建一塋或分建數塋以爲叢葬之所其舉辦之法似應由該縣出示曉諭先令在城紳董帶同地保就近挨棺編號標記登簿備查該地保傳知各處無主之棺統由官山官埋有主之棺勒限認領

營葬。無力自葬者酌助葬費。倘逾限不葬。均發官山官埋。並商之各營如能酌派勇丁。幫同舉棺掘穴。尤覺省費而事可速成。先查明棺數多寡。然後分次扦埋。每次或五十棺一扦。或百棺一扦。務令男女各分一行。不可混亂。遇有棺朽骨露者。須用小棺檢骨。毋許稍有遺落倒亂。方行入土。此事先自近城辦起。俟漸有端緒。即可推之各鄉各圖。推舉公董。分途經理。茲值創辦之初。本道先行捐廉以爲之倡。發交該縣轉給善堂紳董領用。俟其議定章程。即由該縣申報。以備察核。除札鎮海營務處杜丞及照會鄭紳遵辦外。仍候咨請

提軍門

楊統領查

照。該府其轉飭該縣　該縣其聯絡紳營。悉心籌措。以修要政而

裨防務。切切。特札。

光緒十年十二月初十日

札石浦廳同知黃
　象山縣知縣鄒

札石浦廳象山縣知悉照得援臺澄慶馭遠兩兵輪現泊石浦內港天后宮山腳下被法船圍守各口意在奪此兩船然敵艦喫水較深未必遽能闖入且彼於石浦地方無所歆羨該處百姓原可不必驚惶惟敵計在截我船出路待其煤糧罄竭士卒潰散彼乃可放小舢板入港焚船以去查彼圍雖僅二輪實爲南北洋全局所關繫既有二輪在彼放礮守禦法之小輪究不敢肆然入口是援助戰艦卽所以保衛地方但能稍與相持法船煤盡而退或可乘間衝出惟恐澄馭兩船出口稍久煤糧子

藥．或未充足．合亟札飭．札到該廳縣．即便遵照．多派丁役．探明澄駁兩船情形．隨時詳報．並與該二輪互相通問．如煤糧子藥有不足之處．一面相機設法．妥籌接濟煤糧．一面馳稟本道飭局撥濟子藥．仍候移請 防軍支應局．將該廳縣所墊煤糧實價給發．以禦悍寇而維大局．切切．特札．

光緒十一年正月初三日

照會英國領事官固威林

爲照會事。照得本道接福州電音中法兵船業經開仗。所有法國商民。及天主教堂內教士人口散居各處恐內地人民共伸憤怒易滋事端。應請　貴領事查照。轉飭法國商民教士。如有住在甯城內外一帶。卽將人口傢具什物一併移往江北岸。以便稽查保護。本道爲綏靖商民。兼顧大局起見。　貴領事賢明夙著。必能體會。除檄飭府縣一體遵辦外。相應照會　貴領事請煩查照飭遵辦理。望速施行。須至照會者。

光緒十年七月初五日

照會浙海關稅務司葛顯禮

爲照會事查江北岸地方各國火輪夾板等船進口常有洋人附船而來其間雖係有約各國體面官商居多而無約之國及形迹可疑之人亦所不免當此中法交戰法人詭譎多端進口各船若不設法嚴密稽查難保無奸細混入爲害地方查新關向章凡船隻進口均飭扞手洋人於外國房艙所搭來甬洋人查詢姓名稟報查考其華人常坐之上下兩艙坐客甚多勢難逐一詢問止將人數開報卽見有形迹可疑之人意謂該船既准附搭或無他慮故亦不暇詰問卽如數日前有印度

人二名。搭江天輪船華人所坐之艙來甬。即未據扦手禀報。此等洋人。既可前來。不加詢問。則法人之改裝者。及為法人所使之人。或混入口內。亦何不可。本道之意。嗣後火輪夾板等船進口。務須嚴飭扦手洋人。除外國房艙附搭洋人。仍照常逐名詢問禀報外。所有中國人常坐之上下兩艙。見有西國及東南洋各國附搭之客。亦應逐名詢問禀報。並諭巡捕房督捕華生。於船到碼頭。搭客上岸之際。協同扦手稽查。如見該洋人有可疑之處。即由督捕華生派捕尾隨。留心察看。果有違犯情事。如係有約之國。由華生送交領事官辦理。如詢係無

約之國。即將該洋人留在捕房。報知　貴稅務司。或准
其暫住。或令原船出口。或應根究情節。均由　貴稅務
司函商本道核辦。嗣後凡法國人無論商民教士。止准
出口。不准進口。即先自甯波出往他處者。亦不得再回。
如有自他處進口及復回甯波者。船隻到岸。應飭令扦
手洋人。及督捕華生。攔阻不准上岸。務令原船出口。似
此辦理。庶火輪夾板等船進口所搭洋人。均有稽查。除
照會　英國固領事查照。飭遵並諭飭督捕華生協同
扦手認眞稽查外。相應照會　貴稅務司請煩查照。希
即轉飭扦手洋人協同巡捕。務將進口各船艙內。逐一

查詢。如遇法國人。即行攔阻。不准上岸。飭令仍由原船出口。以杜假冒而免溷跡。望切遵行。須至照會者。

光緒十年九月初七日

照會浙海關稅務司葛顯禮

爲照會事頃據鎮海營務處杜丞電稟停泊石浦之兵輪已被法圍備塞五船移泊口門椿燈不點楊統領來商可否將虎蹲山七里嶼塔燈暫停不點等語相應照會貴稅務司迅即傳電鎮海七里嶼虎蹲山洋人撤去塔燈並飛飭定海之小龜山頂及嶼心腦兩處看守塔燈洋人一體知照即請貴稅務司查照施行須至照會者

光緒十年十二月二十九日

余接鎮海來電夜四鼓披衣起立督吏繕文書移請

稅務司電飭速去塔燈。文去後。約熟五斗米頃。而稅司遣人來報鎮海口外塔燈已撤矣。大抵無事時則慮商船夜行之不便。有事時則慮敵輪夜行之便。此雖小事。稍一疏忽。便恐失機。不可不慎也。自識

照會英國領事官固威林美國領事官司提文

爲照會事照得現値法船遊弋浙洋飄忽無定堵塞海口係爲保衛地方起見敵來倉猝斷難豫知只得先行照會　貴領事嗣後無論何時敵船一到卽行沈船塞口不再照會以免貽誤防務爲此照會　貴領事請煩查照施行須至照會者

光緒十年十二月三十日

照會浙海關稅務司葛顯禮

爲照會事。照得法船游弋浙洋鎭定一帶防務喫緊。前與貴稅務司商定所有鎭海口外金塘山南角雙尖之紅色警船石樁一座。金塘門內鵝礁上之黑色警船鐵樁一座。虎蹲山尾之礁上黑色警船鐵樁一座。游山東北角夏老太婆礁上之紅色警船重木樁一座。又有游山礁東之黑色條編浮球一箇。小游山淺灘角之黑色條編浮球一箇。均應一律撤除。凡險礁暗沙旣無標誌。庶使敵輪迷於所嚮。一俟法釁少息再行安置。今旣逐漸收淨。合亟照會貴稅務司請煩查照存案備查。

須至照會者。

光緒十一年正月初七日

去塔燈所以阻敵之夜行。去警船浮樁等具。所以礙敵之晝行。厥後敵屢覓引水不得。竟不能爲患。未始非先去塔燈浮樁之效。然則各關無事時便商之具。皆有事時引敵之具也。可不慎哉。當事機緊迫之秋。設令敵船驟到。攔截口外。則我雖欲去而不能。卽去之而敵於海口灘礁淺深曲折之數。亦已望知梗概。此其所爭得失。固間不容髮也。自識

照會英國領事官固威林美國領事官兼署德國領事司提文浙海關稅務司葛顯禮

爲照會事。照得鎭海爲浙東門戶，前以防務緊要，於口門排釘巨樁，中留船路，以備臨警堵塞，用資保衞。業經照會在案。今法船逼近口門，相去不過數里，又時以舢板游弋窺伺，兼聞有魚雷船伺隙思逞。本道會商地方文武水陸各營，恐奸宄冒充商漁等船乘間混入，自正月十五日開戰之後，已將所留船路口門堵塞。今復添備釣船，於小金雞山淺水等處，一律沈下，以後無論商船民船，一概不能進出。倘有不自小心，猝然駛近口門，礮臺即開礮轟擊．水雷亦不免觸發．或致損船傷人．概與礮臺兵輪官弁無涉．一俟法船退去．仍當設法開通．以便商旅往來．照常行駛．本道為保護地方及中外商民生業起見．除會同　提軍門出示曉諭官商軍民人等遵照外．相應照會　貴領事 税務司　請煩查照．一體飭知施行．須至照會者．

光緒十一年正月二十五日

照會英國領事官固威林

爲照會事照得法船逼犯鎮口本道風聞有前在江天商輪之引水人一名係　貴國人經法船僱去用爲嚮導因其從前往來甯波土人無不熟識兵民籍籍頗有煩言此時鎮口水陸各軍戰守得力紀律嚴明本道復隨時設法督同府縣保護洋商原可安靜無事萬一鎮防再有警信則兵民必謂　貴國之領港人引法船到口或且因法船之肆擾而遷怒於英商則江北岸洋房不無可慮彼時本道雖曉諭而不聽欲保護而無從矣本道因思　貴國在甯波通商數十年主客相安互敦

睦誼．與本地官商兵民毫無纖芥之猜嫌．乃法人詭謀
百出．故用　貴國人爲引水．欲使　貴國商民．不能在
甯波安其生業．與彼法商相同．其計可謂狡且毒矣．在
法人慓悍驕横．藐視各國．今復欲敗　貴國名譽．以自
成其一國之私計．若果使　貴國夙守本業之商人．無
端受其波累．豈不甚爲可惜．本道素佩　貴領事力顧
大局．思患豫防．應請電致駐滬之　貴總領事．妥速設
法．撤回法船之引水人．並諭飭　貴國商民水手人等．
嚴守局外之例．以後勿再受法人引誘．貽累洋商．庶符
公法而昭睦誼．本道此言．非僅爲地方計．實亦爲　貴

國商業之在甯郡者計也相應照會　貴領事請煩查
照施行須至照會者
光緒十一年二月初十日
覷定領事及洋商心事以立言頗中窾要領事覆文
雖陽不肯承認然已隱爲警懼後聞其頗致書駐滬
總領事禁約洋人勿受法船招誘致累甯埠安分之
洋商所以孤拔欲僱募引水更形費力附識

照會美國領事官司提文

爲照會事照得法船逼犯鎭口本道風聞有　貴國人根甯汗向充江天商輪之大副又曾充招商局美富船主近二三年來充海幫引水現經法船僱去用爲嚮導兵民嘖嘖甚有煩言云云同上相應照會　貴領事請煩查照施行須至照會者

光緒十一年二月初十日

會同浙江提督歐陽曉諭中外商船以海口釘樁出入須認旂燈示

爲出示曉諭事照得鎮海金雞招寶兩山之間爲中外船隻出入總口地居衝要屯紮勇營欽奉諭旨辦理海防嚴密布置業經本軍門道會議商請撫部院通飭各營將士將南北兩岸礮臺營壘次第辦有端倪今據營務處杜丞測量口門水勢擬叢釘巨樁環以鐵鍊用資備禦現在派員採辦物料並安設機器樁架俱已齊集尅日興工經本軍門道審度形勢自招寶山石廠臺腳起至對面金雞山止兩邊排釘樁木中留船

路橫寬十丈以外以便中外船隻往來并飭派紅單師船兩隻靠椿抛碇釘椿之處晝則插旂夜則懸燈以示行船趨向但恐中外各船未及周知除照會　各國駐甯領事暨本關稅務司查照一體曉示外合亟出示曉諭爲此示仰商民船戶人等知悉如有船隻進出鎮海口門務須認明旂燈釘椿處所勿稍自誤其各懍遵毋違切切特示

光緒十年六月初六日

勸諭居民各安生業毋得造言煽惑示

爲曉諭嚴禁事照得法人構釁駛至中國大小兵輪不滿十號分泊福州臺灣等處與我大軍相持未決勝負法將孤拔疲於奔命敵艦旣連有損傷糧餉又艱於接濟斷無餘力再擾他口乃昨閭甯城居民無端驚恐甚至中夜倉皇相率奔徙此必有匪徒造言煽惑欲圖乘機搶刼而無知之輩墮其術中實堪痛恨本道統轄浙東凡在人民皆吾赤子豈肯故爲隱飾貽爾等以不測之禍今外有定海之屏蔽內扼鎭海之礮臺陸營勁旅重重塡紮水雷巨樁層層密布萬一有警斷非倉猝卽

能到此倘實在事機緊迫。儘可明白示諭。豫勸爾民暫避烽煙。一走內港。郎可坦然無事。又何必先事驚惶。不顧本業。不惜資財。受行路之苦累。啟匪徒之窺伺。甚無謂也。除密訪造謠之人。嚴拿重辦外。合再出示曉諭。仰吏民紳商人等一體知悉。爾等務須各安生業。不得無故自驚。倘有棍徒膽敢造言生事。搖惑人心。一經訪拿到案。定以軍法從事。決不寬貸。本道念切民瘼。不得不再三告誡。爾等其詳思之。無貽後悔。切切。特示。

光緒十年七月初八日

繪明各國旂式示

爲繪圖曉諭事。照得英美德各國。以中法失和。時有兵船進口。保護洋商。恐本地。愚民無知。疑爲法船。造謠生事。特將英美德三國旂式。照畫於右。俾衆咸知。以免疑誤。特示。

光緒十年七月初十日

馬江敗後。甯郡居民。一日數驚。動輒謠傳法船入口。是時英美德諸國。以保護商務。兵船往來者較多。商船來甬者亦時有之。各國本未失和。勢難拒絕。然居民則不知其旗式之截然不同。亦不辨其爲商船兵船也。通謂之法兵船而已。杯蛇市虎，訛以傳訛。甚至晝夜驚惶，遷徙絡繹。余既出此示，民心漸定。此雖小事，亦可備倉猝應變之一法。自識

會同浙江提督歐陽禁止兵輪弁勇登岸示

爲出示嚴禁事。照得月下海防喫緊。法船在口。業已開仗。凡我兵民。各宜齊心協力。敵愾同仇。所有防口之元凱、超武兩兵輪。并南洋駛到之南琛、南瑞、開濟三快船。及協同防守之釣船、紅單船。各該管駕哨弁等。務宜約束弁勇。晝夜在船。專意戰守。不准擅自登岸。倘有一人登岸者。准兵民指認擒送。定即以軍法從事。該陸營將士亦不得散亂張皇。造謠煽惑。但能鎭靜無譁。即操可勝之券。合亟出示曉諭。爲此示仰水陸各軍弁勇人等一體知悉。其各凜遵。切切。特示。

光緒十一年正月十六日

澄慶馭遠兩兵輪之被圍於石浦也。弁勇稍稍登岸。或潛攜洋槍散去。迨孤拔以雷艇來攻。兩輪管駕雖欲抵禦。而人手不敷。心力不齊。以及於敗。余深鑒此弊。乃會同軍門出示。復連發函札。嚴辭告誡。故與法艦相持數月。兵船將士無敢登岸。晝夜嚴防。使狡寇無隙可乘。事後思之。此著殊不可少。自識

法船臨境勸居民各安生業示

爲出示曉諭事。照得本月十五日法船四艘攻犯鎮海。經我礮臺戰艦。水陸官軍。齊心協力。開礮奮擊。五礮均中法船。洞穿船腰。其三船均畏不敢進。固由將士努力敵愾同仇。亦由招寶金雞兩山扼束。虎蹲兀峙。其前潮長潮落。均不易行駛。可稱天險。現在口門排釘樁木。密設水雷。更有兵船五號。聯絡堵禦。軍火糧餉。儲備充足。各營晝夜嚴防。無不踴躍鼓舞。法人雖狡譎難窺越。且法船數本無多。往來數萬里洋面。實已疲於奔命。其大船喫水較深。尤不敢駛進口門。自觸淺礁。致遭沈擱。凡我居民各宜自安生業，切不可聽信謠傳，輕舉妄動，自貽伊戚。其各以上年遷徙者為戒，勿蹈故轍，是所厚望。爲此示仰地方紳民人等一體知悉，各宜遵照，毋違。特示。

光緒十一年正月十七日

自法船犯口，兩次開仗之後，甯鎮居民無一遷徙。閭閻街市，熙攘景象不異平時，雖海口礮聲隆然，而人皆漠然置之，不以爲意，與上年聞馬江之警紛紛遷避情形迥殊矣。余覩此氣機，於是心知法寇之決無能爲。自識

會同浙江提督歐陽招諭法船脅從諸人示

爲剴切曉諭事照得法船游弋浙洋逼犯鎮口屢經水陸將士合力擊退風聞法船多有閩廣溫台及本郡被虜之人間或改裝登岸購買食物偵探消息又聞法人性情暴悍平日役使爾等無異牛馬及至臨陣必驅爲前鋒代法人衝當礮火死則投尸於海且法人將爾等翦髮塗面使與法人同狀臨戰稍不向前即被法人屠戮進則代法人先受槍礮是爾等進退惟有一死亦可憫之甚矣況爾等留在法船即幸而不死一經查訪確有指名則本籍官紳鄉保照叛逆例辦理必且禍及父

母妻子辱及祖宗墳墓終身汚賤不得還鄉不齒人類既投至危之地又被至惡之名深爲爾等不取也本軍道
門念爾等本屬良民食毛踐土二百餘年何忍甘心助寇反戈相向推原其故或出於迫脅不能自拔或貪其微利苟延殘喘爾等試清夜自思於法人何親於
君國何仇爾之祖宗父母當生爾之日無不願爾等爲忠臣義士顯親揚名榮耀鄉里今乃靦然役於異族生爲不忠不孝之人死爲無名無義之鬼至於轟殘肢體棄尸大海而人莫之恤爾之祖宗父母能無恫乎本軍道
門體

上天好生之德宣
朝廷寬大之恩今爲爾等代籌善策若法人派爾登岸探信購物正是爾等脫離虎口出死入生一大機會如能赴官投首以敵船實情來告者不但不加誅戮並可酌給川資咨回原籍或有偵明敵情投報要信抑或密勸多人同謀反正自必優加獎賞量其才力留營錄用又聞法將孤拔暴戾性成虐待其下即法人亦多懷不服前月在馬祖澳幾至自相鬪閧倘法之將士有偕我國人慕義來歸者本軍門道亦一體接待較在彼國必倍加隆重引進之人亦當重賞如有挈一鐵艦一兵輪投

誠者。本軍門道必咨稟大憲。奏請
優旨。除查照船價給賞外。仍破格錄用。超授官階。有能
擊斃孤拔以投効者。其賞與獻一鐵甲船相等。擊斃孤
拔之裨將以投効者。其賞與獻一兵輪相等。更有爲敵
引水。能導彼鐵艦兵輪擱於淺礁者。賞亦如之。本軍門道
開誠布公。昭示準的。神明可鑒。決不食言。爾等從法則
進有死傷之慘。退受鞭撻之苦。汚及鄉里。戮及宗親。不
從法則有還鄉之樂。有向義之名。功名富貴。惟爾自求。
本軍門道不憚反覆開導。爾等亦可幡然悔悟。知所趨避
矣。合亟出示曉諭。爲此示仰被法船誘脅人等知悉。務

須激發天良勉爲忠孝轉禍爲福在此時也倘其執迷不悟甘爲異類本軍門道激勵將士敵愾同仇臨陣所獲必盡斬殺勿赦如爾等改裝登岸潛作奸細一經查拏定即梟示仍一面購線查訪爾等在法船者姓名行知本籍照叛逆例懲辦恐爾等後悔難追矣爾等好自思量勿負本軍門道一片血誠懇切勸諭之至意切切特示

光緒十一年正月二十八日

此示用意在解散法船脅從之人尤使法船不敢重用脅從之人中間一段更欲離間孤拔部下將士俾自相疑貳此中妙用正自無窮至其運筆遣辭極淺

極顯句句打入愚人心坎斯爲文告中傑作蕭穆識

勸募毀沈敵艦明設賞格示

爲出示曉諭事照得法人逼攻鎮口兩次開戰挫其兇鋒然敵艦尚泊游山外之金塘洋面或五或六往來飄忽擾害商民且恐日久別生詭計潛圖侵犯亟應設法驅剿以靖地方本道之意不論華人洋人如有能獨運奇思創一精器或造水雷或用火筏或善泅水能經久涉遠或善縱火能儎物扮商如沈法人一鐵甲船者賞銀二萬兩沈一木質兵輪船者賞銀一萬兩仍查明履歷遵照新章准予越級保獎或船雖未沈而毀壞敵船使彼不堪復用確有證據者賞如沈船之半本道言出

必行。斷無失信之理。甯郡夙號名區。豈乏智巧通達之士。即洋人之旅居於此。經商致富者。亦復不少。惟願各盡心思。揣摩得法。毋以空談敷衍。毋稍輕率鹵莽。殲茲巨寇。共建殊勳。是本道所深企禱者也。合亟出示曉諭。仰員弁兵勇。中外商民人等。一體知悉。其各乘時立名。切切。毋違。特示。

光緒十一年二月初八日

法船經礮臺兵輪兩次擊挫之後。仍在口外。每日對礮臺放礮數次。余欲以虛聲恫喝之。使不敢安然停泊也。乃徧張此示於郡城內外。諜者果言法船將弁

連夕警備。分布竹木鐵網於艦旁以防水雷。盡不能休息者二十餘日。逮停戰信到。乃止。自識

驅逐遊勇並嚴禁結黨拜盟示

爲曉諭嚴禁事。照得自去年以來防務解嚴。凡甯波台州鎭海定海各防營陸續遣撤勇丁至七八千人之多。其籍隸湖南者。均經本道察度情勢。或派兵輪。或僱商輪。送往漢口。俾得遄歸故鄉。各安田里。所以爲該勇等籌生計。卽爲地方籌安謐也。乃聞該勇等。多有去而復來。或留滯不去。且時有會匪混迹其中。行踪詭祕。黨類繁夥。前月顏孝文一犯。由鎭海文武拿獲。搜出木戳圖記各件。語多悖逆。實爲會中著名頭目。當經會商 提軍門發交鄞縣審訊確供。卽按軍律正法。以昭炯戒。本道詳閱供辭。深訝該犯讀書識字。兼挾技藝。儘可自食其力。何苦爲此至拙至險之計。大抵始則受人煽誘。繼則藉以自豪。惡習所錮。自蹈刑章。可恨亦可憫也。查例載凡不逞之徒。訂盟結拜弟兄。彼倡此應。爲害良民者。照謀叛律治罪。自首者准其分別減免。有窩藏者。照容留外省流棍。發近邊充軍。法令何等森嚴。人人當知自愛。該勇等所以既撤復來者。或稱招訪親友。或欲再謀入營。試思辦防數年。餉項支絀。在營者尚須遣撤。豈有復行招募之理。該勇丁等逗遛數月。旅資闕乏。必致飢寒。飢寒所迫。則流而爲盜爲匪。以干刑戮。勢所難免矣。

本道用是惻然於懷不能不嚴行曉諭著該勇等迅速還鄉各以所能自謀生理農工商賈任所自爲及此承平之時共享安全之福豈不樂哉自示之後除移行地方文武驅逐遊勇外一面明查暗訪倘仍有怙惡不悛結黨拜盟煽惑愚氓者定必嚴拿查照律例以軍法從事如有前由輪船送到漢口私自折回者一經員弁認出亦即從嚴究辦又如棧房民戶容留遊勇致滋事端應視該勇所犯之輕重分別科罪客棧仍即封閉不准再開本道有言在前決不姑寬懍之愼之無違特示

光緒十二年六月十八日

浙東籌防錄卷四

電報

光緒十年六月二十三日遞杭垣

撫憲鈞鑒。釘樁動工。福成昨往閱視。甯紳皆言此間銀米由外接濟。一塞口則稅釐源斷。英美領事亦來商懇。竊思釘樁仍留船路。非必遽塞。然到臨警一塞。將來啟之較難。且鎮海封船。價昂而衆情不順。因思一活法。兩邊釘樁中留二十丈。臨警布水雷十餘。一夕可辦。轟擊更準。敵不敢越。較沈船石力猛工省。商之提台及杜丞。亦皆謂然。惟中間二十丈。似不可再寬。寬則需水雷更多矣。是否如此。伏候示遵。福成。

七月初十日亥刻遞杭垣

撫憲鑒。法船退出閩口。聞有往厦往粵往金陵之說。鎮海並無法船。已出示嚴禁謠言。前此屢誡海口。如有敵輪。無論兵商。必當雷礮齊轟。並塞石船。必不使平行入口。福成。

十二日遞總理衙門

總理衙門總辦苑蘢舄雙大人鑒。中法開仗。法約似廢。法之傳教人可令出境。查各口傳教法人尚不甚多。若能回國。則入教之華民無所附麗。可絕後患。若稍參活著可許俟議利再來甬上法人頗自危懼專聽都中消息可否回明堂憲奏明請旨俾各省畫一辦理定以限期並應速照會各國守局外例勿以煤米火藥接濟法船并請英丹公使飭大東大北勿爲法人遞電使彼呼應不靈該公司曾立合同儘可飭電報局與議或稍誘之以利事關大局機不可緩禍成

十三日遞杭垣

撫憲鑒聞法船退泊閩口外百里之馬祖島修船裝煤兼添食物頗有各洋船接濟洋人云本當守局外之例不濟法船因未接中國照會故可從權擬求電請總署

照會各國守局外例勿以煤米火藥軍器接濟法船並令大東大北公司勿爲法軍遞電斷其呼應該公司立有合同霑我利益似可就範福成

十二月二十六日遞杭垣

撫憲鑒二十三日閩電稱有法船七隻泊閩口向北開行屬飛告援臺兵輪嚴備適惠濟船到甬福成與宗守商令惠濟持函探往溫台洋面於二十五日晨開駛今聞兵輪實泊台洋尚無法船攻閩係甬人自台來述之鎮定各防已飛令戒備福成

除夕遞金陵

宮保爵憲鈞鑒。吳統領電稟想已到。開濟南琛南瑞三輪。現泊招寶山口外。一兩日內恐敵來尋。該處釘樁如到倉猝。不易進口。且礙各臺開礮之路。甚屬可危。目下以保全師船爲上策。聞敵計在燬我師船。或乘虛犯長江。似宜趁敵船未到。急調三輪回滬。先顧門戶。添備子藥煤米。可以進退自如。否則法以一二鐵甲停泊浙洋。三輪又被牽阻。長江益虛矣。伏候鈞裁。福成。

同日遞杭垣

撫憲鑒。頃吳統領差官至甬局發電。知南琛南瑞開濟三船。已於二十九日九點鐘。在石浦外洋與法交鋒。彼此放礮未中遇霧而散餘二船不知何往三船現泊招寶山口外據云法船南去恐不足恃與其泊口外引敵賈禍不如收入鎮口或回入吳淞口擬請飛商提台與吳統領爲要福成源瀚除夕四更

光緒十一年正月初二日夜遞福州

督憲鈞鑒援臺五輪在石浦洋遇法船衝散開琛瑞三輪駛回鎮海口內澄駁二輪避石浦港現彼法圍甚急法船十餘號縱橫蘇浙洋面尋擊援輪聞基隆僅留四船勢甚空虛可否設法致音劉爵帥急攻基隆乘機恢復絕彼煤路法當自困福成

初三日申刻遞金陵

宮保鑒。鈞電謹悉。澄馭兩船在石浦被困。福成已勉撥守城勇一哨馳往。並電請撫憲電撥一營往張聲援。又檄象山令妥籌接濟煤糧。吳鎮安康選帶弁勇由陸親赴石浦。三輪此時乘隙回滬最穩。奈統領既出。該管駕不敢自主。又恐回滬惹人非笑。擬請急電嚴飭該管駕趕早回滬。免遭法人攔截。福成。

初四日申刻遞杭垣

撫憲鑒。據石浦聽象山令稟。澄馭二船。於初一日辰刻沈沒。恐敵舍石來鎮。已飛致鎮防嚴備。福成源瀚。

初六日酉刻遞福州

督憲鑒。初二日甫得象山文武報澄驶二船入石浦內港。一面切致提台。調水師出身之粵將鄭碧山。屬帶道署衛安勇府署巡防勇。於初三日赴石。復電稟撫憲。調淮軍一營。亦於初三夜赴石援應。乃旋據澄驶二船報於元日已被法人用水雷轟沈。初四夜。得報港外法船已開去。似往台温洋面。尋擊開琛瑞三輪。三輪實在鎮海。恐其來覓。惟有嚴申警備以待之。福成源瀚。

初七日申刻遞金陵

宮保鑒。兩電已轉致吳鎮等。現探甯滬石浦洋面。均無法船。似因謠傳開琛瑞三輪向溫洋。特往尋擊。尋之不得。必來鎮口。恐敵以一二鐵甲攔截鎮口。三輪既無退步。又無出路。殊屬可危。似不如暫回淞滬添煤添糧。簡選將士。再定進止。最爲活著。可否以此意電奏請旨。法船既往南路。四處尋覓。尚有七八日躭誤。及今駛出。機會最好。稍緩又恐難行。福成。

初八日巳刻遞鎮海

營務處杜覽。領事來函。請暫令商船入口。如塞口則於一點半鐘前知照。現敵船稍遠。似尚可行。仍望電復。福成。

初十日午刻遞金陵

宮保鑒。法捩俄旂。語本鈞電。不過滬界法館。防我捕拿。今洋面並無俄船也。敵欲燬我師船。福成早言之。領事稅司皆云。敵知此處無出路。必裝煤再來。閩浙洋六七日可往返。今期近矣。若師船進長江。彼旣不乘虛內犯且有節節礮臺。彼決不敢深入重地。福成爲保蘇浙。保師船。保長江計。非僅顧一隅也。管駕弁勇。半係甯人。不無顧戀。且新敗之餘。心目間無非風鶴。求電飭吳統領勿爲所搖。再飭龔道代僱小火輪前探。以防意外。福成亦再仔細確探。但須乘機卽行。倘待至口外再有法船。

即該管駕欲行。此間亦必堅留。不使遭危險也。福成。

十一日申刻遞天津

傳相鈞鑒。法使行文各國。在淞口搜船。意在阻我運糧。洋人多惡其狠毒。可否電商英美各使。力拒此說。緣英美諸商。亦大不便也。琛瑞濟尚在鎮口。福成。

十四日巳刻遞鎮海 速

營務處杜。三輪來江北岸。惹洋人非笑。百姓驚疑。斷斷不可。且候撫憲續電。福成。

未刻遞鎮海

營務處杜。漁船傳言舟山東南有法船。似未確。望派探船往普陀探之。取僧寺一物爲憑。福成。

酉刻遞上海

電報總局鑒。頃漁船傳言普陀山有法兵。望一面轉致英領事。請其驅逐。仍俟確探再電聞。福成。

附錄十四日申刻上海來電。頃駐滬英領事遣人來探普陀山法兵佔駐確否。據云。普陀係舟山屬。舟山歸英保護。如確。英可驅逐。希探示。滬局叩。

十五日巳刻遞金陵急

宮保鑒。法船已到鎮口外。以四艘橫泊。請電飭三輪同心守禦。并擬由道會同提台出示。嚴禁兵輪弁勇登岸。

福成。

同刻遞鎮海

營務處杜。敵在口外。望鎮靜嚴備。禁止水師并兵登岸。無論大小商民船。不准進口。防被暗算。夜多派兵勇更番巡瞭。最宜防者小港。福成源瀚。

遞梅墟

統領錢榮翁。法船已排游山外。鎮口自必嚴備。所最宜防者小港。其次則牆下潭。郡城三營。當會商嚴備。泗手十人。飭由鎮海赴尊處留用。福成源瀚。

遞鎮海

提台軍門鑒。鎮口本已布置。諒必鎮靜嚴備。無論大小商民船。概不准進口。防被暗算。請出示嚴禁兵輪弁勇水手登岸。夜多派兵。更番巡瞭。尤宜防者小港。今夕係元宵。更備其乘令節來犯。福成源瀚。

遞杭垣

撫憲鑒。法船已到。以四艘橫泊游山外。求電飭三輪同心守禦。以贖前愆。否則必據實嚴參。現擬由道會同提台出示嚴禁兵輪弁勇登岸。牆下潭空虛。如能由省派營塡紮。俾錢鎮得專防近隘。尤有裨益。福成源瀚。

申刻遞鎮海　急

營務處杜。聞二法船入游山港。宜裝齊子藥。對準彼船。俟其再近百磤齊發。稍錯又恐落後。巴夏爾係孤拔坐船。若孤來則尤潑悍。今夕元宵宜嚴備。福成。

同刻遞鎮海急

提軍門楊西翁杜徵兒覽。敵轟招寶山磤臺。務請格外鎮定。但使陸軍嚴守。以磤保樁。雖臺稍壞。亦可無慮。并請激勵三輪。同心守禦。福成。

附錄十五日亥刻鎮海營務處杜來電。三點鐘法船攻招寶磤臺。我臺開磤迎擊。頭磤中法船身。二磤中桅。三磤中尾。南洋三輪亦擊中兩磤。法船退。餘船橫

排來轟我輪船礮臺極力擊退英稟

戌刻遞福州

督憲鑒孤拔以鐵艦兵輪於十五日來攻鎮口閩臺法軍必甚空虛可否飛致諸軍乘機攻擊必可得志福成

亥刻遞鎮海

提台楊統領杜司馬吳守備均鑒頃知法船敗退諸公忠勞可敬之至彼雖退未必遠又恐示弱以懈我祇要我備得周密夜尤嚴防彼鐵甲必不能入我口諸公儘力辛苦一場蓋世之功也望傳諭兵勇出死力者必重賞傷亡者必優卹道府必作主福成源瀚

同刻遞杭垣甚急

撫憲密鑒。三輪在口內。孤音斷不能忘情。三輪怯餒已甚。恐再臨事倡逃。則全局瓦解。應請憲台電飭錢統領。派員持令箭。往告三管駕。無論何時。如有再移進自家埠一步者。應并前罪嚴參。先行就地正法。能堅守亦專疏保獎。該輪若以全力扼住口門。敵輪究難駛入。事到今時。不得不下此急著。福成。

南洋開濟南琛南瑞三輪自石浦敗後。畏法如虎。避入鎮海口內。統領管駕皆氣沮心懾。余聞其弁勇大半多甬人。戀家心勝。則戀戰氣衰。尤爲兵法所忌。余乃出示禁止弁勇登岸，以絕其反顧，又念法艦與三輪隔椿相望，礮聲不息，設令三輪震法餘威，回輪遁入內港，則元凱超武兩輪，勢必被其牽率，陸營士卒亦必望風而驚，恐致全局瓦解，余躊躇再四，始發此電，俄頃而中丞回電已到，悉如余說，余轉電錢統領，適吳統領在座，見之面發赤，良久無言，乃謂錢統領曰，吾三輪誓與此口為存亡，決不內移一步，請電告中丞勿念，其後三輪扼守椿門，礮擊法艦，連中要害，相持三閱月，迄未少退，厥功甚懋，論者謂此電之力為多，蓋新敗之餘，必嚴申紀律，使畏軍令甚於畏敵，乃足以作弁勇之氣。余之於統領管駕。本無他意。不過願附古者愛人以德之義。而統領管駕非但不余咎。轉相親慕。蓋諸君亦自知一激之不爲無助也。附識

十六日午刻遞杭垣

撫憲鑒昨戰頗得利。法一輪被擊穿船腰。夜退駐烈港。進口小船見其搬運物件過船。船頭亦破。旋用別船拖去。初仗得此。足壯士氣。釣電已立致錢鎮。轉示吳統領及三管駕。甚有愧奮之意。鎮防將士力戰有功。福成昨偕宗守發電慰勞。許兵勇出死力者加等獎賞。傷亡者優卹。應請憲電再激勵之。福成。

未刻遞天津

傅相鈞鑒。孤拔以兩鐵甲兩兵輪一木船撲犯鎮海口門。意在尋開琛瑞三輪。十五日未刻。孤拔坐小輪來測水道。我礮臺擊之。幾中。乃遁去。申刻。一大黑艦直撲招寶山。我礮臺兵輪合力迎擊。折其頭桅。該艦連中五礮。創甚敗退。三法船繼進。放排礮。我亦開排礮禦之。苦戰頁久。法船乃退駐金塘山。距鎮三十餘里。目下口已半封。尚留一舊輪未沉。惟有聯絡將領。激勵士氣。嚴備法人夜襲。及在小港等處登岸。家兄處求轉示之。福成。

申刻遞鎮海

提軍門楊西翁杜徵兄覽今日有無戰事如不戰則仍宜防夜防霧防敵以舢板在他處登岸猝驚我軍至水雷小船衝波而來白晝尚易混過黑夜尤難望見請格外加意福成

酉刻遞上海

電報總局鑒法船於十五日申刻攻鎮海口門礮臺兵輪與防軍合擊之一大鐵艦洞穿五彈退泊金塘山金塘亦係舟山屬英可保護望轉致英領事設法驅逐法船福成

戌刻遞梅墟

錢統領鑾接撫憲電添一營來甯係爲牆下潭起見福成.

十七日辰刻遞鎮海

杜徵兒覽接吳統領電知敵昨夜兩放魚雷船仍是石浦故智敵志可知現留寶順一船口門僅五丈餘兵商輪已難進出月來米價驟長紳士極言全堵之慮望時時爲萬全計法添兩船日內必有大戰宜嚴備福成源瀚.

未刻遞鎮海

開濟船吳統領前日之戰仗三輪儘力相助忠奮可佩.

昨夜法放魚雷船、仍是石浦故智、務宜逐夜嚴防、能否潛伺該小船來圍擊沈之、略示懲創、且稍償澄駁之失、聞法添二船、日內必再戰、請嚴備、吳克生已留用否、福成源瀚、

中刻遞杭垣

撫憲鑒、昨晚法受傷之大艦、開向北駛、今日有添二船之說、聞自南來、昨電請提台防魚雷夜襲、商由吳統領撥舢板六隻、格林快礮六尊、洋鎗六十枝、在椿外巡護、戌亥刻法果兩放魚雷小船、均擊退、福成、

酉刻遞鎮海

提軍門楊西翁杜徵兄覽。頃接撫憲電屬弟飭甯局撥洋銀二千圓交徵兄存儲。備將來力戰有功之賞。其數由軍門酌定。核實毋濫等語特此轉電福成。

戌刻遞杭垣

撫憲鑒今日巳刻法一大黑艦駛入虎蹲山北。攻我招寶山。礮臺臺開一礮。中其煙筒。再礮中其船桅。橫木下墜。壓傷兵頭。南琛南瑞復從旁擊中三礮。穿其後艄。法船創甚。急放黃煙。收旂轉輪。僅獲出險遁去。明日恐仍有戰事。已電致鎮防嚴備。福成。

亥刻遞杭垣 急

撫憲鑒。今日法船敗退。恐三四日內必添船猛攻。杜丞函稱椿外小金雞山及定遠礮臺水淺。既防魚雷。又防淺水船衝入。請買二三百石釣船十隻或八隻。趕速駛鎮裝石。可否照辦。以防不測。乞速示福成源瀚。

同刻遞福州

督憲鑒。南洋三船。尚在鎮海口內。孤拔專尋此三船而來十五擊傷法一船。後十六夜法二次放魚雷船均被擊退。十七午一法船駛近虎蹲山。礮臺兵輪擊中五礮。法船受傷即退。孤拔以數船泊游山外。闖尚須由臺調船來攻。意仍專注南洋三輪。求飛致臺軍。急攻基隆。乘

機克復絕其煤路。并使孤酋奔命不暇。三輪亦可早出口。庶不至以利器拘於口內。礮兵已優賞福成

十八日午刻遞鎮海甚急

開濟船吳統領鑒。頃閩歐陽軍門商勸執事購備頭號大鐵錨三具。分繫開琛瑞三輪之尾。俾船首朝夕外向。不致於潮退時移動。爲敵所乘。如馬江覆轍。弟思鎮口潮勢洶涌。深佩軍門識力。應勸台端速辦。雖費數千金可勿惜。勝負之數。決於此矣。福成

馬江之役。閩廠兵輪九號。又有紅單船釣船相輔。與法之鐵木兵輪七號相持十餘日。閩輪在內。法艦在

外凡潮長時船首皆外向則法船之尾適對我船之首斯時我若猝然擊法則法敗潮退時船首皆內向則我船之尾適對法船之首斯時法若猝然擊我則我敗蓋兵輪大礮皆在船首也閩帥及其將弁習焉不察而孤拔老將審之熟矣一旦出我不意乘潮退時開礮縱擊我船倉猝之間欲起椗則不能動欲開礮則皆內向惟有束手受攻數省之軍實一舉而燼之可爲殷鑒此次吳統領趕速購置三千五百磅之大鐵錨三具分繫開璟瑞三輪連夜下沈於是相持數月三輪之首日夜對準法船大礮裝齊子藥以待

開戰．法船自兩次被挫後．迄未敢進逼椿門．蓋旣畏礮臺水雷之轟擊．亦慮三輪之隨時可以夾攻也．此著係守口輪船勝負第一緊要關頭．籌防者不可不知．附識

申刻遞杭垣

撫憲鑒．錢鎭前接憲電．吳統領與三管駕皆已知之．頗能愧奮．此電裨益良多．擬再略摘電諭大意函勉之．孤拔注意三輪．未必甘休．或須添船力攻．戰事恐一時難了．福成．

戊刻遞鎭海　速

提軍門楊西翁杜徵兄覽今夜晦雨仍宜嚴備魚雷及敵以舢板蟻附登岸戰士宜更番休息民船漁船是否仍禁進口抑限以一定時候派人嚴查聞有奸細來斷電線確否福成

二十日午刻遞上海速

道台邵筱翁鑒聞法人欲在滬僱引水猛攻鎮口務懇執事設法禁阻並叮囑各國洋人嚴守局外之例如竟能絕彼領港則執事桑梓之邦皆受庇蔭矣福成

亥刻遞鎮海

提台健翁鑒昨擊沉法撲岸之兩舢板欽佩之甚敵知

正口難入。必再肆詭謀。請嚴備之。漢奸望嚴查。必殺勿赦。接滬電。大赤山及崇明口有法船四五。似為阻漕計。法在滬欲僱引水來攻鎮口。已電請滬道設法禁阻。福成。

同刻遞杭垣

撫憲鑒。昨夜法用黑白兩舢板乘晦欲登南岸。潛襲港口礮臺。適健左旂費營官率勇放哨。伏嶺下。伺其近岸。縱排槍截擊。沈其兩舸。未逃一人。今早敵放小輪至虎蹲礮臺。擊回。接滬電。大赤山崇明口有法船四五。專為阻漕計。又在滬欲僱引水來攻鎮口。應請電達總署。

飭滬道查明向充引水洋人悉行僱用分派南北洋各兵輪庶各口無虞非特保浙再請憲委龔道會同滬道專辦杜絕引水一事鎮口幸先劵二引水並去塔燈浮筒頗獲益也福成

二十二日巳刻遞杭垣

撫憲鑒接滬電孤拔以按月洋銀八百圓賄僱精於浙洋之英德兩人爲嚮導遇難許給卹二萬金經滬道派員勸阻兩人索總酬二千金願立保永不助敵等語竊思去引水不啻去敵耳目手足此事關係急切重大又恐延誤已擅電請滬道與訂合同但須該兩人保以後

永無洋人再受敵僱。福成亦已照會領事。電致駐滬領事申明禁約。仍候憲電迅示。並請電委龔道會同辦理此事。福成。

附錄二十一夜亥刻江海關道來電。道台薛。尊意囑領事禁引港人勿助敵。恐暗中受僱。且尚未宣戰。亦難禁。頃探得孤拔以按月洋銀八百圓。商僱精於浙洋之英德兩人。遇難給卹銀二萬。弟委員勸止。據云尊處曾訂留兩人。須總酬兩千金。永不助敵。願立保。尊意如何。乞電示。邵。

同刻遞上海

道台邵筱翁賚神感極。英德兩人。須總酬兩千金。弟一面電請省示。仍先請尊處與訂合同。保以後再無洋人暗受法僱。該款請暫墊。即匯。福成。

酉刻遞上海　急

道台邵筱翁鑒。所有精於浙洋之英德兩人。請飭理船廳查其姓名。及有無執照。抑是否素有能名。如有照。或向稱能幹。應許酬金。否則恐有假冒。且即罷去無害。如該兩人急不能待。請告領事暫留之數日以待定議。費神之至。福成。

※附錄二十三日已刻江海關道來電。英人名化挨德

人名勃倫均有執照曾充甬江引水十餘年本關稅司盛稱其聲望兩人諳熟悉浙洋而有執照者僅四人其二爲尊處扣留餘即伊二人願保此外別無好手其索酬金二千兩再少不允須明晨訂合同令稅司作保是否速電示卲

二十三日未刻遞厦門

軍門彭紀翁鑒法船兩次攻鎮口兩船受傷退泊近無動靜現聞浙洋有法船十隻遊弋各口又有水陸全棄臺灣佔駐普陀之說應請設法轉致臺軍乘虛急攻基隆絕其煤路可以有功福成

申刻遞杭垣速

撫憲鑒。美國人根齊汗在法船引水。昨照會美領事。請其電致駐滬領事。設法撤回。以符公法而敦睦誼。且使甯郡兵民不怨及美商。地方官亦易於保護等語。擬請轉電總署。如美使提及。亦以此意告之。明知撤回不易。亦以絕後來之受僱也。因聞領事已發京電。恐其揑造異說。稍為所搖。則鬆勁矣。福成。

二十四日午刻遞鎮海

提台健翁鑒。外間謠傳敵於二十五六日恐有舉動。今果添一船。請嚴備。又聞小港昨有法人登岸買物。日間似應派兵脫去號衣雜於民間分途偵察遇可疑者執之庶絕敵之窺伺引水好手熟於浙洋者滬上僅二洋人已商滬道與訂合同不再助敵酬銀二千福成

未刻遞杭垣

撫憲鑒法四船泊口外未動今午駛去一船自二十八至初三係潮汛尚宜嚴防查十五開戰後口門已封僅留寶順未沈各領事求放進商船時來饒舌今不得已照會領事並會提台出示封口各船均停出入一稍止領事之煩聒一懈敵志或漸退去惟寶順橫泊口門與沈無異非到緊急可勿沈也福成

二十七日午刻遞鎮海

提軍門楊西翁吳統領杜徵兄覽。法船日內必猛戰。請以全力嚴備。又聞法礮已轟小港及蛐子嶺但須陸營扼定。靜以待之。敵船少且港淺。自可無慮。又恐敵故擾南岸而出我不意仍攻大口。礮臺想早嚴備周副將一營。日內由橫溪拔赴蟹浦。福成。

申刻遞鎮海

提軍門楊西翁杜徵兄吳吉兄覽。潮查馬江臺北石浦鎮口。敵之舉動。皆在朔望。或前後三日內。乘潮汛也。此後數日內必有惡戰。今日放礮。敵計必別有所在。或聲東擊西。或懈我軍心。夜間魚雷及舢板偷渡。尤宜防。又恐敵船乘夜潛駛進虎蹲。來攻招寶。種種想已準備。至彼遙對礮臺開礮。如我礮力所不及。惟不理最好。福成

附錄二十七日亥刻歐陽軍門來電。道台耘翁鑒。來電謹悉。法將大白鐵甲向南岸港口及弟駐所。開礮連十餘次。小港礮臺被中三礮。外牆竹泥礮房略有損傷。弟駐所門前飛來之彈。大者重二百六十磅。並未傷人。我處靜鎮不理。鬼船慢慢退下。屢承關照。感極。我軍穩守穩打。決不懈怠。利見啟。

二十八日未刻遞鎮海

營務處杜。昨司領事赴鎮。所商虎蹲卸客一事。想經執事拒絕。現擬力勸改赴穿山。惟業既封口。應由尊處會縣出示嚴禁商漁各船在椿旁出入。以杜洋人效尤。且免領事藉口。封口告示四張。前送提台會印。究竟倘須幾張。望電示。福成。

戌刻遞杭垣

撫憲鑒。法礮連日轟擊小港礮臺。彈重二百六十磅。臺竟無損。昨法人駕礮。方登桅頂。繩索忽斷。墜壓死傷者二十餘人。其氣已奪矣。福成。

亥刻遞鎮海

營務處杜來函已悉。司領事蠻而無理。到尊處則謂弟已允准。來署又謂執事已准。明日江表搭客到虎蹲外。該領事親自往接。置一切於不顧。稅務司恐啟釁端。力勸姑准一次。現給函交稅司帶滬。稅司人甚平正。尚能為我出力也。福成。

同刻遞鎮海

提台健翁鑒。頃接滬電。法有六點鐘來攻之說。敵兩次轟小港空臺。恐其試知無人。或思由彼登岸。若乘夜伏數百人於其中。或扛置大礮數尊。出其不意擊之。可以得志。請酌辦。福成。

二十九日巳刻遞鎮海

營務處杜。頃接英領事函。稱接本國大憲電飭勇敢兵輪迅赴吳淞。現已開行。請電致營務處知照。及兵輪派一弁護送等語。已函復以封口係照會在先。此時口門能否可行。須察看辦理。如可行則告以封口告示。尚未徧貼。亦姑准此一次可也。福成。

未刻遞鎮海

營務處杜。小港礮臺。礮力本小。今又撤去。恐敵乘我空虛。徑撲南岸。望速籌補救之法。福成。源瀚。

附錄二十九日亥刻鎮海營務處杜來電。午後兩奉電諭謹悉現與楊錢統領面商提台調小隊右副兩營駐衙前策應南岸小隊正前二營在梅墟策應育王嶺一帶周營駐貴駟橋與親兵左後兩營同護海塘親中營扼招寶山並令親兵右營一哨駐威遠臺後調紅單廣勇助定遠礮臺親前右營備隊聽調現錢統領帶親兵二哨駐江南道頭策應南岸如再有警楊統領帶隊渡江英守招寶山照應北岸小港空臺現置千觔礮二尊並多埋地雷又將烏龍岡後膛礮二尊移對港口此外威遠安遠臺均有礮二尊定遠臺一尊均可對小港轟擊兵輪儘可扼守口門寶

順相機行事，洪不游移。提台隊伍亦籌備停當。小港礮兵已與嚴約賞罰，英稟。

亥刻遞天津

盛杏蓀、翁、譯電悉。小港礮臺，去年提台以其地勢孤危，挪去礮位，僅存空臺。二十七日法船放十餘礮，僅中三礮，嵌入蔴土袋及壞一亂石牆。二十八日又放九礮，無一擊中。我軍靜守不動，均未傷人，至今空臺屹然未毀也。傳言法人於二十九將力攻，因大霧大風未動。今駛去兩艘，尚留四艘。請代稟傅相。福成。

三十日巳刻遞鎮海

營務處杜。昨接電籌商南北岸策應情形。各營各臺通力合作。布置周密。欣佩之至。即商提台統領照辦爲盼。福成。

二月初二日亥刻遞杭垣

撫憲鑒。今日敵無舉動。閱西字報。知孤拔費盡心力。欲以重價僱募引水。而好手四人。皆被此間訂定。其劣者不能得力。今懸價六萬金而無應者。稅司等皆稱浙省所用數千金。甚爲得勁。又有船戶被法船虜去釋回者。亦稱孤拔詳詢鎮口港路。似尚未忘情於三輪也。福成。

初五日亥刻遞杭垣

撫憲鑒。頃甫自鎮海回郡。細察鎮防布置穩固。將士齊心。氣象甚好。昨商勸錢鎮乘夜襲擊法船。頗獲利。當由錢鎮自禀。福成。

法船屢挫之後。退泊金塘。惟以一大艦向前拋泊。倚游山為障蔽。余往鎮海。勞軍見之。密商之錢統領玉興。謂乘夜襲擊。可以得志。初四夜。錢統領親率敢死士。潛運後膛車輪礮八尊。伏南岸清泉嶺下。四更後突擊之。五礮到船。傷人頗多。後有傳孤拔亦受傷者。法船開礮回擊。彈落水田。我軍旋即收隊。附識

十二日申刻遞京都

總理衙門總辦苑董馮雙大人鑒。法船久泊浙洋。常有大輪船裝煤。由東洋運來接濟。現查西洋各國皆守局外之例。而日本獨違公法。狡獪可恨。應請回明堂憲電致徐星使向日廷詰問。一面在京與日使理論。如能絕其煤糧。則法船自困矣。再聞法船屢向大戢山以重價寄電信。如飭盛道訂止大北公司。稍許以利益。使法人消息不靈。必有裨於大局。福成。

十五日戌刻遞鎮海

營務處杜。來電各節。早於半月前密致稅務司轉告領事。因係封口後格外通融之事。故未便用公文照會。明日司領事到口，應由曼雲再申前說，至領事請丞簫入口，弟已力拒，稅務司稱丞簫到後，難保法船不去搜查，尊處不必又啟猜疑等語，鄙意法船可搜丞簫，我亦須細查駁船，自無流弊矣。福成。

附錄本日鎮海營務處杜來電，道憲鑒：頃奉電諭，當請鄧吳兩管帶來局商議，如丞簫天明七八點鐘來，准停虎蹲北首，卸貨起客，夜間辨認不清，恐防誤擊，倘敵船來打，誤傷不管我事，請憲台知照領事，以免後言。英禀。

二十日戌刻遞杭垣

撫憲鑒。連日敵船無舉動。現密籌購送水雷之法。而電
綫已罄。倉猝難購。可否飭局撥水旱兼用之小綫一英
里來甯。俟用過後。仍可存局備用。此事成功固無把握。
萬一能成。則收效大矣。福成。

二十一日戊刻遞鎮海

營務處杜。頃接撫憲密電。中法款議雖成。各營仍宜
律戒備。且勿宣揚等語。鄙意兩敵相持。每於將和未和
之際。乘人不備。以圖一逞。此兵家之常事。法人狡詐多
端。去歲諒山即其前鑒。自應嚴防勿懈。以觀其後。并望
密達提台統領爲荷。福成。

二十四日申刻遞鎮海
營務處杜，頃據英國領事函稱宜昌商輪於明早到口外，并帶來一小火輪，以備拖駁船運貨出入等情，希即查照前待永甯之例，酌辦爲要。福成。

三月初一日申刻遞杭垣
撫憲鑒：頃傳相轉到總署電云，法提督既約明停戰，鎮口塞河石船，似可酌開一走商輪之路等語。現已電商提台，擬先將浮泊口門之寶順船拽開，數日後再將兩旁沉船各去其一，以後再察度情形辦理。如此則斟酌緩急，似無流弊，仍候憲示遵行。福成。

初二日午刻遞杭垣

撫憲鑒。電諭謹悉。口門情形。已另函稟。今所患者。洋人之饒舌。商民之多言。而釐稅濟餉。猶第三層也。前見寶順側泊口門。並不橫泊。今但拽之稍進。且仍留火。是相去祗尋丈。似於防務無損。擬請憲台電覆總署。告以向留寶順輪船。阻泊口門。尚未沈下。今即拽開以讓船路。其兩旁石船。擬俟一兩月條款定後。再酌議起去數隻等語。如此則總署亦可執憲電以拒洋人之喧聒矣。福成。

酉刻遞鎮海

營務處杜電悉法人之意似尚防我船出擊惟其欲通商船與總署昨電相同蓋因英美各國催逼故中法皆先議及之今既難弛備又須稍示通融以答總署弟前見寶順似監泊口門並不橫阻今但拽進尋丈可讓船路且仍留火足備緩急其兩旁石船自應俟法船盡退條約大定後再議矣否則暫准永甯江表等小輪進口以此照會洋人亦足杜其饒舌如此則寶順并暫可勿動二者孰便請籌商示復福成

戊刻遞鎮海急

營務處杜頃發電後旋接來電法船尚未肯退自以暫

緩開口爲妥。已請撫憲電復總署矣。如洋人能不再饒舌固好。萬一總署因議約緊要之時。欲聯局外各國再有來電。仍望豫籌通融。因應見示爲要。福成。

亥刻遞天津

中堂鈞鑒。昨接總署電諭謹悉。近日民船在樁旁淺水處出入。輪船泊招寶山樁門外。起駁客貨。商路漸通。惟今日法李提督致提台函。稱兩國雖和。尚未奉畫押的音。自今貨船准其出入。惟糧械尚須扣留。法船仍要泊口外。華船仍請泊口內。如即開出。仍要放礮。俟得電音。自當速告和議定後。大家相會等語。中丞與前敵諸統

領來電皆謂彼既不退未便遽行開口求轉電總署爲
感福成

初六日戌刻遞天津

中堂鈞鑒法使北上議約想可抵津滇粵各軍於克諒
山後既須按期撤退以踐去年津約法軍自必讓出基
隆澎湖以昭公允或催以基澎讓出後再議詳約更覺
周密至鎮口外法船亦勸令早退爲妙緣浙防將士壯
氣百倍躍躍欲試相持稍久或恐啟釁也福成

初十日酉刻遞鎮海

提軍門健翁營務處杜徵兄鑒漁汛將屆凡官紳商民

之請派巡護者。絡繹而來。甯府鄞令。屢進詢辦法。惟法船未退。兵輪紅單斷難出口。而台匪游弋。又不可無以彈壓。擬如去冬辦法。調勇而不調船。先撥廣勇五成。交鄭仙崖帶扮商船出巡。以戢奸宄。隨後再相機酌辦。是否希卽示復。福成。

二十九日申刻遞鎭海

營務處杜。頃稅務司函稱法約已定。如接開口電報。貴處起去石船能否迅速。若需日過久。稅司可請滬關營造司來辦。三日可竣事。茲特豫爲商詢。福成

三十日午刻遞鎭海

營務處杜。津電述准法船進口之旨。已轉致提台。想見到。如法人來言。不便明阻。祇可用延宕之法。告以口外布滿水雷。須逐漸打撈。又當赴滬辦機器來。浮起石船。恐非匝月不能蕆事。若彼船硬碰硬轟。又恐傷和誼等語。彼不耐守候。必駛往他處矣。福成。

六月初一日申刻遞杭垣

撫憲鑒。閩營禮物犒賞已送。南洋三輪。定初四日開回江南。吳鎮等探聞閩營得優禮。未免相形見絀。應否略示恩誼。管見每輪犒賞洋銀百圓。亦體面矣。福成。